Fortnite

pour les nuls

Bill Loguidice

FIRST
INTERACTIVE

Fortnite pour les Nuls

Éditions First, un département d'Édi8
92, avenue de France
75013 Paris – France
Tél. : 01 44 16 09 00
Fax : 01 44 16 09 01
Courriel : firstinfo@efirst.com
Site Internet : www.pourlesnuls.fr

ISBN : 978-2-412-05316-4
Dépôt légal : février 2020
Imprimé en France par Estimprim

Traduction : Gisèle Foucher
Maquette intérieure : Catherine Kédémos

Sommaire

Introduction

Si vous aimez les jeux d'action en ligne rapides et compétitifs, de grande diversité et qui évoluent sans fin, Fortnite, d'Epic Games, est fait pour vous. C'est l'un des jeux gratuits les plus populaires de tous les temps, avec des centaines de millions de joueurs inscrits dans le monde entier, sur diverses plateformes. Vous ne manquerez jamais d'amis avec – ou contre ! – lesquels jouer.

Il existe trois principaux modes de jeu Fortnite. Le premier est *Sauver le Monde*, qui était la version originale. Il se focalise sur la survie contre les éléments et ennemis lors des diverses missions qui constituent une campagne. Le deuxième est *Battle Royale*, où des groupes allant jusqu'à 100 gamers s'affrontent pour rester la dernière équipe ou dernière personne en vie. Le troisième et dernier est *Créatif*, un mode de jeu en sandbox où les gamers sont libres de créer tout ce qu'ils veulent sur leur propre île, y compris des arènes de combat, des parcours de course, des labyrinthes, *etc.*, et où les meilleures créations sont présentées dans le Bloc, sur la map de *Battle Royale*.

Même si Fortnite regorge d'aventures, tant que vous gardez à l'esprit que c'est un jeu aux objectifs clairs qui encourage la créativité pour les atteindre, vous aurez du plaisir à jouer. Avec *Fortnite pour les Nuls*, vous pourrez mettre en application toutes les indications de jeu et de gameplay dont vous avez besoin pour commencer à tirer le meilleur parti de ce phénomène culturel.

À propos de ce livre

Ce livre ne suppose aucune connaissance de Fortnite. Il vous guidera tout au long de votre apprentissage, depuis la création d'un compte gratuit qui vous permettra de commencer votre première Partie, jusqu'à la construction de vos meilleures structures défensives et bien plus encore.

Si Fortnite compte une très grande communauté de gamers – dont des célébrités de haut niveau – et organise des tournois de jeux professionnels réguliers, et s'il a un impact énorme sur la culture pop, depuis les danses de la victoire jusqu'aux vêtements, cet ouvrage se concentre principalement sur le jeu lui-même et sur le mode *Battle Royale* en particulier. Que l'on se rassure, ce qui est décrit dans ce livre vous aidera à réussir dans tous les modes. Ces informations seront pour vous un excellent moyen d'avancer dans l'exploration du grand univers Fortnite en dehors du jeu.

Fortnite pour les Nuls vous permettra de poser le pied, puis de vous jeter à corps perdu dans le jeu, en rappelant de temps en temps des informations qui pourraient être oubliées dans le feu de l'action. Bien que ce livre ne donne que des conseils stratégiques – je vous laisse le plaisir de la découverte à mesure de votre progression –, vous trouverez ici pas mal d'informations sur de nombreux systèmes et composants plus complexes et intéressants de Fortnite.

Étant donné que Fortnite évolue constamment et s'articule autour du concept des saisons, ce livre est conforme à la saison qui prévalait au moment de l'écriture de ces lignes, c'est-à-dire la saison 8 (*N. d. T.* : et la saison 10 et la saison 1 du chapitre 2 au moment de la traduction en français de ce livre). Les mises à jour et saisons ultérieures ne changeront pas les mécanismes de jeu ; vous découvrirez donc avec ce guide tout ce que vous avez besoin de savoir sur la plupart des fonctionnalités de Fortnite.

Les bases évidentes

Plutôt que d'envisager chaque type de gamer susceptible de lire cet ouvrage, je suis parti du principe que les bases suivantes étaient établies chez vous :

» Vous possédez un ordinateur, une console ou un appareil mobile et en connaissez les bases.

» Votre ordinateur, console ou mobile est connecté à Internet.

- Votre connexion Internet est stable et suffisamment rapide pour pouvoir jouer à des jeux en ligne de compétition.
- Votre ordinateur, console ou mobile a suffisamment d'espace de stockage libre pour télécharger, exécuter et maintenir Fortnite à jour.

Icônes utilisées dans ce livre

Des icônes apparaissent de temps en temps en marge pour vous indiquer des éléments intéressants à prendre en compte :

Cette icône attire votre attention sur une astuce ou un conseil qui vous permettra d'améliorer votre gameplay.

Cette icône signale une information importante à mémoriser. Gardez en tête ces points et votre jeu s'en trouvera bonifié.

Si vous voyez cette icône, attention ! Elle vous met en garde contre certaines erreurs qui risqueraient de gâcher votre expérience de jeu Fortnite.

Vous pouvez ignorer sans danger ces informations trop techniques ou destinées aux passionné.e.s de l'informatique. Elles méritent néanmoins une place dans ce livre. Qui sait, peut-être serez-vous intéressé.e pour les lire !

Et maintenant

Lire *Fortnite pour les Nuls* de bout en bout vous rendra presque incollable, mais vous pouvez tout autant sauter des chapitres et aller directement aux thèmes spécifiques qui vous intéressent. Si vous êtes nouveau ou nouvelle sur Fortnite et que vous vouliez savoir en quoi consiste le jeu, lisez les Chapitres 1 à 3 et parcourez rapidement la plupart des autres. Ils offrent plus de précisions que nécessaire pour un joueur novice. Vous pourrez toujours revenir plus tard sur ces chapitres.

Vous êtes un peu plus expérimenté.e dans Fortnite mais souhaitez approfondir votre compréhension ? Survolez les trois premiers chapitres, vous trouverez des points plus intéressants pour votre progression dans la suite du livre. Assurez-vous également de consulter les Chapitres 9 et 10, dont les conseils viendront enrichir votre gameplay dans Fortnite.

Chapitre 1
Entrez dans l'univers de Fortnite

DANS CE CHAPITRE :

- **Choisir sa plateforme.**
- **Enregistrer son compte.**
- **Installer le jeu.**
- **Bien connaître les options et les modes du jeu.**
- **Acheter et dépenser ses V-Bucks.**
- **Découvrir les saisons.**
- **Comprendre le jeu multiplateforme.**

Vous pourriez objecter qu'il s'agit là d'un autre de ces innombrables jeux de tir et de survie en ligne, mais Fortnite parvient à se distinguer par son mélange unique de diversité et de satisfaction. Il n'existe jamais deux Parties identiques, et chaque fois il nous semble découvrir quelque chose de nouveau. Le fait de pouvoir personnaliser votre avatar in game, vos armes et, bien sûr, vos danses de toutes sortes de manières loufoques explique au moins en partie le charme de ce jeu et pourquoi il exerce un tel attrait. Il n'est pas étonnant qu'il soit toujours le plus regardé, souvent par des centaines de milliers de téléspectateurs, sur le site de streaming vidéo en direct *Twitch.tv* !

En mode *Sauver le Monde*, vous et trois autres gamers, qu'ils soient humains ou des coéquipiers générés par ordinateur, visez un objectif commun lors de diverses missions sur une Terre dévastée par une tempête, où 98 % de la population a disparu.

Dans ce mode, vous êtes attaqué.e par des monstres ressemblant à des zombies, appelés « enveloppes », qui semblent expliquer ce que sont devenus les humains disparus. Bien sûr, vous rencontrerez de nombreux autres monstres en cours de route. Vous devrez donc construire des structures, installer des pièges et collecter des butins pour aider votre cause.

Battle Royale est le mode de jeu le plus populaire et celui avec lequel Fortnite est le plus étroitement associé. Vous jouez seul ou en groupe pour rivaliser d'habileté dans des batailles à 100 gamers et devenir la dernière personne ou équipe en lice. La plupart de ce qui est nécessaire pour réussir dans *Battle Royale* vaut pour les deux autres modes de jeu, et inversement.

En mode *Créatif*, vous bénéficiez de votre îlot privatif où vous pouvez assembler et améliorer des structures, manipuler des objets à votre guise, créer des jeux, le tout avec vos propres règles. C'est l'endroit où inviter des amis, pour vous essayer à divers types de jeux, notamment des courses et des parcours d'obstacles. Epic Games choisit les meilleures créations à présenter dans le Bloc du mode *Créatif*, mais rien ne vous empêche d'entrer vos propres codes pour retirer les créations de votre choix !

Ce chapitre explique comment commencer à utiliser Fortnite, comment choisir votre plateforme, les bases de la monnaie virtuelle V-Bucks, la signification des saisons et le fonctionnement du jeu en multiplateforme.

Choisir le PC/Mac, la console ou le mobile

Bien que Fortnite ait été à la base une exclusivité PC, le système du jeu a été conçu de manière à faciliter les ports vers d'autres plateformes. Ces dernières incluent les ordinateurs Apple Mac, les appareils mobiles iOS et Android, ainsi que les consoles Sony PlayStation 4, Microsoft Xbox One et Nintendo Switch.

Au moment où sont écrites ces lignes, les plateformes PC, Mac, PlayStation 4 et Xbox One prennent en charge tous les modes de jeu disponibles. Les gamers des systèmes iOS, Android et

Nintendo Switch, quant à eux, n'ont pas accès au mode Joueur contre Environnement *Sauver le Monde*.

Il existe d'autres différences entre les diverses plateformes, qui seront expliquées dans les sous-sections suivantes.

Sur PC/Mac

Un ordinateur PC ou Mac est la plateforme Fortnite idéale. Il permet tous les modes de jeu, comme le montre la Figure 1.1, et vous pouvez choisir de jouer avec une combinaison clavier-souris ou avec une manette de jeu.

FIGURE 1.1 Modes de jeu Fortnite disponibles sur version PC.

Reportez-vous au Tableau 1.1 pour connaître la configuration système minimale et celle qui est recommandée. Si votre ordinateur est plus proche de la configuration minimale que recommandée, consultez le Chapitre 2 pour connaître les paramètres à ajuster afin d'optimiser les performances.

TABLEAU 1.1 Configuration système minimale et recommandée sur PC et Mac

Composant système	Minimum	Recommandé
Système opérateur	Windows 7/8/10 64-bit ou Mac OSX Sierra	Idem
CPU	Processeur Core i3 2.4 Ghz	Processeur Core i5 2.8 Ghz
Mémoire	4 Go RAM	8 Go RAM
Carte vidéo	Intel HD 4000	Nvidia GTX 660 ou AMD Radeon HD 7870 équivalent DX11 GPU
Mémoire vidéo	Partagée	2 Go VRAM

Sur iOS / Android

Il n'est pas aussi aisé de jouer à Fortnite sur un appareil mobile que sur d'autres plateformes ; cependant, en déplacement ou lorsque votre ordinateur ou votre console est bloqué, il reste un excellent recours pour continuer votre aventure. La prise en charge d'une manette de jeu est bien sûr limitée, mais Fortnite sur iOS ou Android a été conçu pour un écran tactile. Donc, rassurez-vous, votre smartphone ou tablette est le seul objet dont vous avez besoin pour vous lancer dans l'aventure.

Pour les appareils Apple, il vous faut iOS11 ou une version supérieure. Si vous souhaitez jouer sur un iPhone, les mobiles compatibles sont les iPhone SE, 6S, 7, 8 ou X ou ultérieur. Pour un iPad, choisissez un iPad Mini 4, iPad Air 2, 2017, Pro ou ultérieur. Naturellement, plus l'écran est grand, meilleure est l'expérience.

Pour l'instant, le support Fortnite sur les appareils Android est limité. Epic Games évite en effet de distribuer le jeu *via* Google Play Store, préférant le rendre disponible sur son propre site web via le programme Fortnite Installer, ainsi que sur l'app store de Samsung et son Game Launcher.

Pour des raisons de sécurité, ne téléchargez la version Android du jeu que depuis le site web Epic Games ou l'app store de Samsung. Toute autre source prétendant pouvoir fournir le jeu est susceptible d'installer un programme indépendant qui pourrait compromettre la sécurité de votre smartphone ou de votre tablette.

Il vous faudra donc demander le programme d'installation au site web Epic Games ou, si vous possédez un appareil Samsung, à l'app store de Samsung, pour déterminer si votre appareil est compatible. En règle générale, les nouveaux appareils Android 8.0 dotés d'au moins 64 bits, de 3 Go de RAM et d'un processeur graphique avec Adreno 530, Mali-H71 MP20 ou Mali-G72 MP12 ont de bonnes chances d'être compatibles.

Sur PlayStation 4 / Xbox One

La seule autre façon de profiter pleinement de l'expérience Fortnite en dehors d'un PC est d'utiliser la PlayStation 4 ou la Xbox One. Fortnite est compatible avec toutes les consoles PlayStation 4 et Xbox One ; cependant, comme pour de nombreux jeux, des améliorations de performances seront visibles sur la PlayStation 4 Pro ou la Xbox One X. Quelle que soit la version de la console sur laquelle vous jouez, toutes les fonctionnalités Fortnite sont disponibles et accessibles depuis le gamepad standard. Si vous souhaitez une expérience de jeu plus proche de celle d'un PC, le clavier et la souris sont également compatibles avec les deux consoles.

Les propriétaires d'une Xbox One doivent avoir un compte Xbox Live et un abonnement actif à Xbox Live Gold pour pouvoir participer au jeu. Pour les propriétaires d'une PlayStation 4, l'abonnement à *Playstation Plus* n'est pas nécessaire.

Sur Nintendo Switch

Nintendo Switch est l'une des plateformes Fortnite les plus populaires. Grâce à sa capacité unique permettant de jouer aussi bien hors de chez soi que devant un téléviseur, la Switch combine certaines des caractéristiques les plus avancées de la console et du mobile. La configuration des commandes standard de la Switch pour son Joy-Cons est disponible, mais vous pouvez également utiliser le Pro Controller ou les Motion Controls si ceux-ci répondent mieux à vos besoins.

Nintendo Switch Online n'est pas nécessaire pour pouvoir jouer à Fortnite.

Enregistrer un compte Fortnite

Avant de pouvoir profiter de Fornite, vous devez créer un compte Epic Games. Il est possible de télécharger directement le jeu sur la plateforme de votre choix et de créer un compte à partir de là, mais le site web Epic Games vous offre le plus grand nombre d'options, notamment la possibilité d'associer facilement des comptes supplémentaires.

Epic Games ouvre maintenant aux autres développeurs ses services de multiplateforme de jeux pour Fortnite. Votre compte Epic Games sera donc d'autant plus utile à l'avenir.

Suivez ces étapes pour enregistrer un compte sur votre ordinateur :

1. **Allez sur le site** `https://www.epicgames.com/fortnite/`**.**

   La page d'accueil Fortnite de Epic Games s'ouvre.

2. **Cliquez sur le bouton Obtenir Fortnite ou sur le menu des options, à gauche de votre écran.**

   L'écran « Comment souhaitez-vous jouer ? » apparaît.

3. **Cliquez sur PC/Mac.**

   La page Créer un compte apparaît.

   Cliquez sur les icônes de la PlayStation, la Xbox ou la Switch pour accéder à la page de renseignements et de téléchargement de Fortnite sur la boutique de la plateforme correspondante.

4. **Renseignez toutes les informations demandées dans les cases de texte. Si vous connaissez par cœur vos identifiants de connexion, gagnez du temps ! Connectez-vous *via* votre compte PlayStation, Xbox, Switch, Facebook ou Google en cliquant sur son icône au-dessus des zones de texte.**

Bien que l'activation de la case « Je souhaite recevoir des informations et des actualités en lien avec les produits et services d'Epic » soit facultative, il est recommandé de la cocher. La fréquence des e-mails reste relativement faible et constitue un moyen simple de rester informé des dernières nouvelles concernant Fortnite.

5. **Cliquez sur Créer un compte.**

   Le téléchargement commence alors. Si vous ne souhaitez pas installer dès à présent la version de Fortnite pour PC/Mac, annulez le téléchargement.

Maintenant que votre compte Epic Games est créé, vous êtes prêt à télécharger et installer le jeu sur la plateforme de votre choix. Consultez la sous-section qui suit pour savoir comment associer des comptes supplémentaires à votre compte Epic Games, ou la section suivante pour obtenir des informations sur l'installation de Fortnite.

Associer des comptes supplémentaires

Associer vos comptes Github, Twitch, Xbox, PlayStation Network et Nintendo Switch à votre compte Epic Games facilitera l'utilisation de ces autres services et plateformes avec Fortnite. Pour les relier, procédez comme suit :

1. **Depuis votre moteur de recherche, allez sur le site** `https://www.fortnite.com`**.**

   La page d'accueil de Fortnite s'ouvre.

2. **Cliquez sur Se connecter en haut à droite de votre écran.**

   Le message « Jouez-vous déjà à Fortnite ? » apparaît.

3. **Cliquez sur Oui.**

   Un nouveau message apparaît : « Sur quoi jouez-vous à Fortnite ? ».

4. **Cliquez sur PC/Mac.**

5. **Entrez l'adresse e-mail et le mot de passe associés à votre compte Epic Games.**
6. **Cliquez sur Se connecter.**

   Vous êtes maintenant connecté.e.

7. **Cliquez sur votre nom de login dans la partie droite en haut de l'écran et sélectionnez Compte, tel que montré dans la Figure 1.2 ci-après.**

   L'écran de vos informations personnelles apparaît.

8. **Cliquez dans la partie gauche de l'écran sur Comptes associés.**
9. **Cliquez sur n'importe lequel, ou tous les comptes listés que vous voulez associer à votre compte Epic Games.**

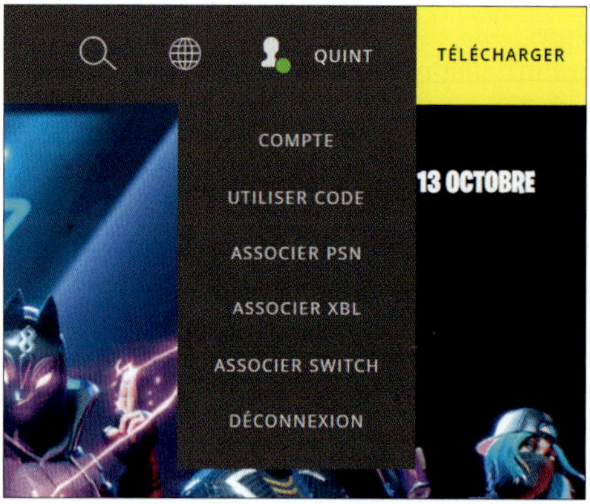

FIGURE 1.2 Sélection de l'option Compte.

Installer Fortnite

Une fois que vous avez enregistré votre compte Epic Games, vous pouvez installer Fortnite sur la plateforme de votre choix.

Installation sur un PC/Mac

La procédure d'installation sur un ordinateur PC ou Mac est similaire. Suivez ces étapes :

1. **Depuis votre moteur de recherche, allez sur le site** `https://www.fortnite.com`**.**

   La page d'accueil de Fortnite s'ouvre.

2. **Cliquez sur le bouton Télécharger en haut à droite de votre écran, tel que montré sur la Figure 1.3.**

   Le message « Comment souhaitez-vous jouer ? » apparaît.

FIGURE 1.3 Bouton Télécharger sur la page d'accueil de Fortnite.

3. **Cliquez sur PC/Mac.**

   La page de création du compte apparaît.

4. **Cliquez sur Connexion en bas de la page.**

5. **Entrez l'adresse e-mail et le mot de passe associés à votre compte Epic Games.**

6. **Cliquez sur Se connecter.**

   L'écran « Merci d'avoir téléchargé » apparaît et le téléchargement commence.

7. **Enregistrez le programme d'installation Epic Games à l'endroit de votre choix sur votre ordinateur.**

8. **Rendez-vous dans le dossier où vous avez enregistré le programme d'installation Epic Games et exécutez-le.**

   Suivez les instructions qui s'affichent pour installer le lanceur d'Epic Games ainsi que Fortnite.

Installation sur iOS/Android

Sur votre appareil iOS, ouvrez l'App Store et recherchez Fortnite. Appuyez sur Obtenir pour commencer le processus d'installation.

Au moment de l'écriture de ce livre, Fortnite pour Android n'est toujours pas disponible sur le Play Store. Pour installer cette version du jeu, accédez à la page `https://fortnite.com/android` depuis un ordinateur (afin de scanner avec votre mobile le code QR affiché), ou directement depuis votre appareil Android, puis suivez les instructions.

Installation sur console

Les propriétaires d'une PlayStation 4, Xbox One ou Nintendo Switch peuvent installer Fortnite depuis leurs boutiques respectives, directement à partir de ces consoles. Si vous possédez une PlayStation 4, allez dans le PlayStation Store. Pour une Xbox One, allez dans le Xbox Marketplace. Et si vous possédez une Nintendo Switch, rendez-vous dans le Nintendo eShop.

Quelle que soit la console, Fortnite est uniquement disponible en téléchargement numérique et non sur CD-ROM ou sur cartouche. Si vous voyez une version commerciale de Fortnite, elle ne contiendra qu'un code de rachat pour la version numérique du jeu, comme pour tout autre bonus, tels des V-Bucks.

Bien connaître les options et les modes du jeu

Sauver le Monde, *Battle Royale* et *Créatif* sont les trois principales options de jeu. L'option la plus populaire, *Battle Royale*, propose une sélection de modes de jeu standard, ainsi que des modes à durée limitée, ou LTM, qui apparaissent en option pour un temps donné avant d'être remplacées par autre chose.

Les modes de jeu standard forment le cœur de l'expérience de jeu de *Battle Royale*. Ils comprennent des Solos, Duos et Escouades. Les LTM proposent différentes armes, conditions de victoire, *etc.*, mais se jouent essentiellement comme un jeu de type Solo, Duo ou Squad. Il existe également un mode Playground sous *Battle Royale*, qui est une forme de *Créatif* plus limitée et restreinte.

Le mode *Sauver le Monde*

Sauver le Monde, disponible pour les gamers sur PC/Mac, PlayStation 4 et Xbox One, est ce que l'on appelle un jeu Joueur contre Environnement (*Player versus Environment*, ou PvE). Contrairement à son rejeton plus populaire *Battle Royale* – qui est un jeu de Joueur contre Joueur (*Player versus Player*, ou PvP) – *Sauver le Monde* est un jeu coopératif de survie décliné en missions, dans un monde destructible. Vous jouez avec trois autres personnes maximum sur une map générée aléatoirement pour lutter contre une tempête, sauver des survivants, construire des structures, fabriquer des armes, trouver du butin, puis améliorer et développer un dispositif pour protéger votre base d'opérations.

Au moment de la rédaction de ce livre, *Sauver le Monde* est encore en phase d'accès anticipé et requiert un paiement de 39,99 € pour l'édition Standard du mode jeu, et 59,99 € pour l'édition Deluxe. Epic Games a annoncé son intention de rendre ce mode gratuit, mais ce n'était pas encore le cas au moment de l'impression de ce livre.

Toutes les compétences que vous gagnez en jouant à *Sauver le Monde* restent acquises pour les autres modes Fortnite, et inversement. Par exemple, vous utilisez une pioche dans tous les modes de jeu pour détruire les structures existantes et collecter des ressources telles que le bois ou le métal. De même, vous avez le loisir d'utiliser ces matériaux récoltés dans tous les modes de jeu, pour construire et réparer des structures telles que des murs, des sols et des escaliers. Un petit frein tout de même : vous ne pouvez améliorer les structures que dans *Sauver le Monde*.

Au moment où sont écrites ces lignes, *Sauver le Monde* est payant, mais, comme *Battle Royale* et *Créatif*, il devrait devenir gratuit à terme, dès qu'Epic Games estimera ce mode de jeu suffisamment développé.

Le mode *Battle Royale*

Battle Royale est un mode de jeu Joueur contre Joueur, ou PvP. Vous et 99 autres gamers commencez votre périple à bord d'un bus de Combat volant. Première tâche : trouver un point d'atterrissage. Une fois au sol, votre rapidité est primordiale. Vous devez courir pour ramasser des objets, des armes et d'autres objets afin de vaincre les autres gamers.

En mode Solo, vous affrontez seul.e 99 autres gamers (voir la Figure 1.4.) En mode Duo, vous faites équipe avec un ami (ou un inconnu amical) contre 49 autres équipes de deux. Votre partenaire a la faculté de vous réanimer si vous êtes blessé.e. En mode Escouade, vous rejoignez une équipe de trois autres gamers et essayez d'être la dernière des 25 équipes de quatre encore en vie. Les Escouades sont généralement le mode le plus populaire de Fortnite.

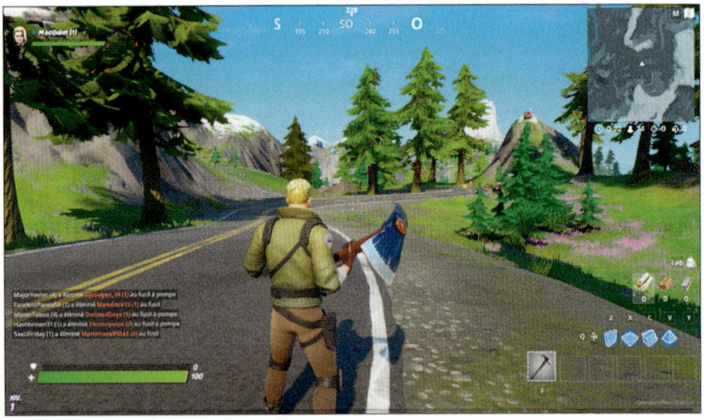

FIGURE 1.4 Début d'un jeu en Solo sur Nintendo Switch, peu de temps après l'atterrissage.

Playground, qui était auparavant un LTE – ou événement à durée limitée – mais qui est désormais un ajout permanent, vous permet de jouer en Solo ou avec trois autres gamers au maximum, pour un gameplay plus intéressant. Vous disposez d'une limite de temps beaucoup plus longue qu'avec les autres modes, ce qui vous permet d'explorer plus librement la map, de récolter des matériaux, de construire des objets, de rechercher des coffres, *etc.* Il reste possible que vous vous battiez, mais seulement contre vos trois amis.

En mode Duo, Escouade et Playground, vous devez choisir entre Combler ou Ne pas combler. Avec Combler, si vous n'avez pas le nombre de gamers requis pour former l'équipe demandée dans un mode particulier, le jeu vous mettra automatiquement en correspondance avec d'autres gamers. Si vous choisissez Ne pas combler et que vous n'ayez pas d'équipe entière, vous vous heurterez à d'autres groupes complets et serez défavorisé.e. Ne pas combler est une option inhabituelle pour le moins, mais c'est un excellent exemple de la personnalisation incroyable de Fortnite.

Le mode *Créatif*

Avec le mode *Créatif*, on vous offre une île privée rien que pour vous ! Vous avez la liberté d'y concevoir ou de faire ce que vous voulez, y compris inviter vos amis à participer à des minijeux. Toutes sortes de matériaux sont à disposition. Ne vous limitez donc pas à la construction de simples structures, l'imagination est reine. Ce mode donne la faveur à la création de nouveaux types de jeu avec le moteur Fortnite : combats à mort, courses, matchs de football, compétitions de skate, combats d'arène, comme cela est montré à titre d'exemple dans la Figure 1.5.

FIGURE 1.5 Exemple de jeux du mode Créatif (source : Epic Games).

Comme vous pouvez enregistrer et recharger vos créations, vous êtes libre d'être aussi créatif.ive ou destructeur.rice que vous le souhaitez. Vous pouvez même entrer des codes spéciaux pour charger les créations étonnantes d'autres joueuses ou joueurs, telles que des labyrinthes aux conceptions élaborées, riches en aventures, des terrains de minigolf sur lesquels jouer, *etc.* Les possibilités sont impressionnantes avec le moteur de jeu polyvalent Fortnite.

Le système des V-Bucks

Bien que Fortnite soit un jeu gratuit, précisons néanmoins que c'est un freemium, une contraction de « gratuit » et « premium ». Ce qui signifie que le produit de base est fourni gratuitement, mais que de l'argent – sous la forme d'une monnaie in game appelée V-Bucks – est facturé pour des fonctionnalités supplémentaires.

La bonne nouvelle, c'est que dans le cas de Fortnite, ce sont en grande partie les éléments cosmétiques qui coûtent le plus de V-Bucks, comme les skins (tenues et accessoires) des personnages, les pioches, planeurs, emotes (gestes ou mouvements de danse), traînées de condensation (comme celles d'un avion), émoticônes (émojis in game), sacs à dos et aérosols.

Les cosmétiques n'offrent aucun avantage dans le jeu, mais ils font partie intégrante de Fortnite. Plus vous disposez d'éléments cosmétiques, plus vous pouvez personnaliser votre personnage et agrémenter votre expérience globale du jeu. Tout cela fait partie du fun et constitue un excellent moyen d'aider au développement continu de Fortnite.

Si vous avez la possibilité de débloquer gratuitement des V-Bucks ainsi que de nombreux éléments cosmétiques grâce à un jeu dédié, il est probable que vous achetiez quand même des V-Bucks, pour acquérir certains articles plus intéressants que d'autres, ou encore un pack de récompenses – appelé Passe de combat – en fonction de la saison.

Acheter des V-Bucks

Tous les achats de V-Bucks s'effectuent dans la boutique du jeu *via* l'onglet correspondant, comme illustré dans l'exemple de la Figure 1.6, ou sur les *marketplaces* (marchés numériques) respectifs de la Play-Station 4 ou de la Xbox One. Au moment d'écrire ces lignes, un achat minimum de 1 000 V-Bucks coûte 9,99 €. Vous pouvez également acheter des lots plus importants de V-Bucks, assortis de bonus V-Bucks. Par exemple, 2 500 V-Bucks plus un bonus de 300 V-Bucks valent 24,99 €, ou 10 000 V-Bucks plus un bonus de 3 500 V-Bucks coûtent 99,99 €.

Si vous voyez des offres gratuites de V-Bucks en ligne, c'est probablement une arnaque. Visiter des sites web ou cliquer sur des liens qui prétendent offrir des outils générateurs de V-Bucks ou des V-Bucks gratuits présente un gros risque. Il est préférable d'acheter vos V-Bucks dans la boutique en ligne ou, si vous jouez sur une PlayStation 4 ou une Xbox One, dans leurs boutiques officielles.

Gardez cependant à l'esprit que les V-Bucks achetés sur une plateforme ne seront pas forcément encaissables sur d'autres. Achetez vos V-Bucks sur la plateforme où vous envisagez de les dépenser si vous ne voulez pas faire un mauvais placement ! Heureusement, dès que vous avez dépensé vos V-Bucks pour acheter des cosmétiques ou un Passe de combat, ces éléments sont alors disponibles sur toute autre plateforme avec laquelle vous jouez à Fortnite, à condition d'utiliser le même identifiant.

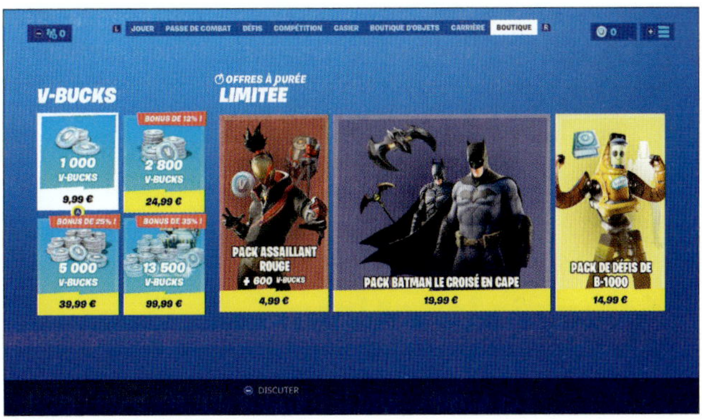

FIGURE 1.6 Options de V-Bucks, sur Switch.

Dépenser ses V-Bucks

Les V-Bucks sont échangeables dans *Sauver le Monde*, *Battle Royale* ou *Créatif*. Notez cependant que les éléments achetés dans *Sauver le Monde* ne sont pas transférables vers *Battle Royale* ou *Créatif*, et inversement.

Dans *Sauver le Monde*, vous avez la possibilité d'acheter des packs de cartes Llama Pinata (ou Lama à butin) contenant des schémas d'armes et de pièges, ainsi que d'autres objets et de nouveaux héros. Dans *Battle Royale* et *Créatif*, vous pouvez acheter de nouveaux éléments de personnalisation pour votre héros, votre planeur ou votre pioche.

Fortnite travaille sur le concept des saisons. Le thème de la saison 8, par exemple, met les pirates à l'honneur. L'achat d'un Passe de combat pour la saison en cours, qui coûte 950 V-Bucks à ce jour, vous permet de débloquer des récompenses spécifiques à la saison à mesure que vous jouez. Vous avez en outre le choix, avec ce Passe, de monter plus rapidement de niveau en terminant des défis hebdomadaires, qui débloquent des récompenses telles que des tenues, des wraps (revêtements ou textures), des emotes, des animaux domestiques et d'autres cosmétiques exclusifs.

Vous souhaitez dès à présent un ensemble de cosmétiques en rapport avec la saison ? Alors foncez sur un Pack de combat cette fois-ci –pour un prix de 2 800 V-Bucks au moment de la rédaction de ce livre – qui comprend le Pass de combat et le débloquage instantané des 25 Paliers suivants de points d'expérience, de cosmétiques et de V-Bucks. Vous pouvez acheter jusqu'à 100 Paliers, chacun pour 150 V-Bucks. Autrement, pour débloquer plus de 100 récompenses d'une valeur supérieure à 25 000 V-Bucks, vous devez jouer une saison donnée au minimum 75 heures, jusqu'à 150 au total.

Découvrir les saisons

Les saisons sont la formule utilisée par Fortnite pour introduire de nouvelles fonctionnalités et de nouveaux éléments cosmétiques, ces derniers étant généralement liés à un thème plus vaste, selon un programme régulier. Chaque saison ne dure que dix semaines environ, ce qui est un excellent moyen d'assurer que le jeu reste attrayant. Elles encouragent également les gamers à continuer de jouer pour débloquer tous les cosmétiques avant qu'ils ne soient plus disponibles.

Le système de récompenses du *Battle Royale* de Fortnite, le Passe de combat, est étroitement associé à ses saisons. Ce dernier n'a pas été introduit avant la saison 2, car il s'est appuyé sur le système de progression de la saison 1. Si le Passe de combat coûte des V-Bucks, vous avez toujours la possibilité de débloquer un sous-ensemble d'objets gratuitement avec le Passe gratuit. Il faut savoir que de nombreux gamers et références appellent également le Passe gratuit un « Passe de combat ».

Les saisons apportent parfois de grands changements à la map. Surveillez les événements atypiques d'une saison donnée. Par exemple, dans la saison 3, un mystérieux météore est apparu dans le ciel. Il a détruit la zone de la map appelée Dusty Depot – trois hangars –, la transformant en Dusty Divot pour la saison 4 et créant de plus petits cratères dans d'autres zones.

Bien qu'il ne soit pas essentiel de savoir quand les saisons précédentes se sont déroulées, quels ont été leurs thèmes ni ce qu'elles ont présenté, il est toujours intéressant de découvrir de quelle façon le jeu a progressé, pour avoir une idée de l'orientation des saisons à venir. Consultez le Tableau 1.2 pour connaître les points phares des saisons 1 à 10.

TABLEAU 1.2 **Les points phares des saisons 1 à 10**

Saison	Calendrier	Thème	Ajouts clés
1	25 octobre au 13 décembre 2017	Aucun	Tableau de classement, activer/désactiver la visée
2	14 décembre 2017 au 21 février 2018	Médiéval	Le Passe de combat, ajouts de maps, emotes, émoticônes
3	22 février au 30 avril 2018	Le cosmos	Écrans de chargement, défis hebdomadaires, traînées de condensation
4	1er mai au 12 juillet 2018	Les super-héros	Jet packs (réacteurs dorsaux), pierres antigravité, Caddies, aérosols, écrans de chargement hebdomadaires, tenues progressives
5	12 juillet au 27 septembre 2018	Le choc des mondes	Jouets, biome Désert, failles de téléportation
6	27 septembre au 06 décembre 2018	Au cœur des ténèbres	Animaux domestiques, musique
7	06 décembre 2018 au 28 février 2019	Merveilles d'hiver	Mode Créatif, enveloppements (ou texture), écrans de chargement animés, avion X-4 Stormwing

TABLEAU 1.2 Les points phares des saisons 1 à 10 (suite)

Saison	Calendrier	Thème	Ajouts clés
8	28 février au 08 mai 2019	Les pirates	Biome Jungle, volcan, lave, canons de pirates, campings pour pirates, trésor enfoui
9	9 mai au 31 juillet 2019	Le futur est à vous	Puces de décryptage, parapluie, anneaux de sillages aériens, fusil à pompe de guerre, Neo Tilted
10 (ou X)	1er août au 13 octobre 2019	Hors du temps	Mécha B.R.U.T.E., fusil de snipper automatique, Tilted Town, bulle protectrice, piège électrique, météorite, Loot Lake

Comprendre le jeu multiplateforme

Le problème typique des jeux vidéo en ligne est celui de la passerelle entre les différentes plateformes. Vos amis ou les membres de votre famille possèdent peut-être le même jeu que vous, mais si leur système est différent, il est peu probable que vous puissiez jouer l'un avec ou contre l'autre. Fortnite est le tout premier jeu à résoudre ce problème, en autorisant les multiplateformes entre les ordinateurs, les consoles et les appareils mobiles actuels. Le dernier bastion à avoir résisté, Sony, a finalement été intégré au programme et autorise une exception pour Fortnite sur PlayStation 4.

Quelle que soit la plateforme sur laquelle vous jouez, comme indiqué précédemment dans ce chapitre, il vous faut un compte Epic Games pour avoir la possibilité de jouer sur plusieurs plateformes et synchroniser votre progression entre les systèmes. Si vous ou vos amis et votre famille êtes inscrits sur le compte d'une plateforme spécifique, ce compte doit être associé à un compte Epic Games pour que vous puissiez profiter du jeu en multiplateforme. Tous les modes de jeu – excepté le mode Solo qui, par définition, exclut les équipes – sont jouables sur multiplateforme.

Chapitre 2

Personnalisation des paramètres, du jeu et des commandes

DANS CE CHAPITRE :

- **Sélectionner un mode de jeu.**
- **Tout savoir sur le Salon.**
- **Régler les paramètres.**
- **Découvrir les diverses commandes.**
- **Acheter des accessoires.**

Maintenant que vous avez une idée plus précise de tout ce qu'implique Fortnite, il est temps d'entrer dans les détails. Comme la plupart de ses autres caractéristiques, les paramètres et les options de commande in game de Fortnite sont configurables de bien des façons. Ils sont tous accessibles depuis le Salon, qui apparaît après avoir sélectionné un mode de jeu et passé en revue l'écran Actus.

Sélectionner un mode de jeu

Lorsque vous démarrez pour la première fois Fortnite sur un PC, un Mac, une PlayStation 4 ou une Xbox One, trois options se présentent à vous : *Sauver le Monde*, *Battle Royale* et *Créatif*. Sur Nintendo Switch, iOS et Android, vous arrivez directement sur l'écran du mode Battle Royale (voir Figure 2.1).

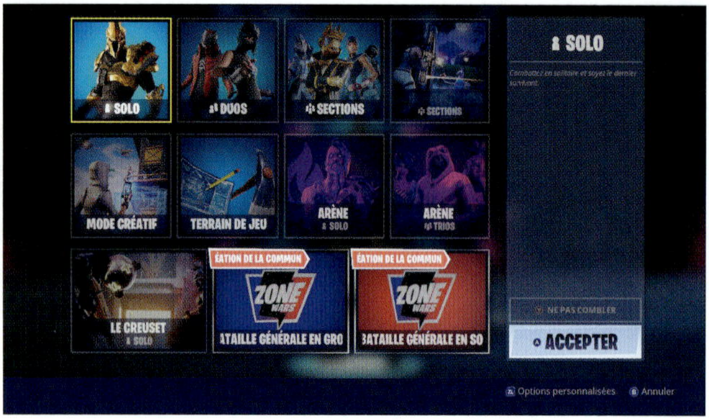

FIGURE 2.1 Sélection des modes de jeu, sur Nintendo Switch.

Sélectionner *Sauver le Monde* vous propulse directement dans ce mode de jeu, qui est distinct de *Battle Royale* et de *Créatif*. En sélectionnant l'un ou l'autre des deux autres modes, vous arrivez sur l'écran Actus, tel que montré dans la Figure 2.2.

FIGURE 2.2 Écran Actus avant l'écran Salon, sur Nintendo Switch.

Depuis l'écran Actus, vous pouvez accéder au Salon, à la Boutique d'objets pour effectuer des achats de cosmétiques, ou aux Notes de patchs qui détaillent ce qui a changé depuis la dernière version du jeu. Cet écran Actus et ses options sont également disponibles depuis le Salon.

Tout savoir sur le Salon

Le Salon, tel que présenté dans la Figure 2.3, apparaît lorsque vous sélectionnez l'option depuis l'écran Actus. La série de menus, avec votre avatar au centre, est votre hub (ou plate-forme de correspondance), qui vous permettra de choisir des options de jeu, d'ajouter des amis, de rejoindre des Parties, de relever des défis hebdomadaires ou quotidiens, et d'accéder à tout ce dont vous avez besoin pour jouer à Fortnite. À la fin d'une Partie, c'est également ici que vous reviendrez.

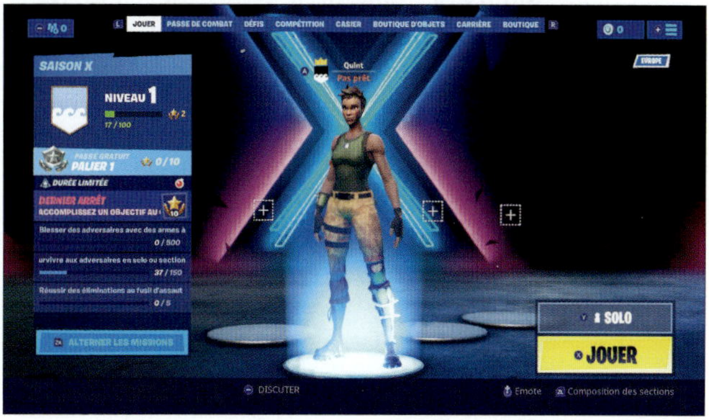

FIGURE 2.3 Le Salon, sur Nintendo Switch.

Le meilleur moyen d'apprendre les fonctions et les caractéristiques présentées est encore de parcourir le menu du Salon et de sélectionner des objets. Rien de plus ne se passera tant que vous n'aurez pas sélectionné Jouer en bas à droite de l'écran – ce qui verrouille tous les paramètres choisis et démarre le type de jeu sélectionné.

Il existe de légères différences de configuration du Salon de Fortnite selon les plateformes. Prenez le temps de vous familiariser avec les composants principaux suivants, tels qu'indiqués dans la Figure 2.4.

- **Amis (ou Social) :** Le bouton se trouve dans le coin supérieur gauche du Salon. Il affiche le nombre de vos amis Epic Games actuellement en ligne. Sélectionner cette option ouvre les menus Mes amis et Ajouter des amis.

» **Options du menu :** Elles sont accessibles depuis la barre du haut au centre de l'écran. À côté de Salon se trouvent les options suivantes :

- *Passe de combat :* Achat ou offre de Passes de combat des saisons en cours.
- *Défis :* Groupés par événements, quotidiens, hebdomadaires et de style.
- *Événements :* Pour vous informer sur les détails des événements passés, courants et futurs.
- *Casier :* Vos tenues et votre équipement actuels.
- *Boutique d'objets :* Utilisez vos V-Bucks pour acheter ici divers cosmétiques.
- *Carrière :* Étudiez votre profil de carrière dans tous les modes *Battle Royale*, ainsi que les tableaux de classements affichant les scores des gamers, les rangs et les victoires.
- *Boutique :* Achetez ici divers packs de V-Bucks.

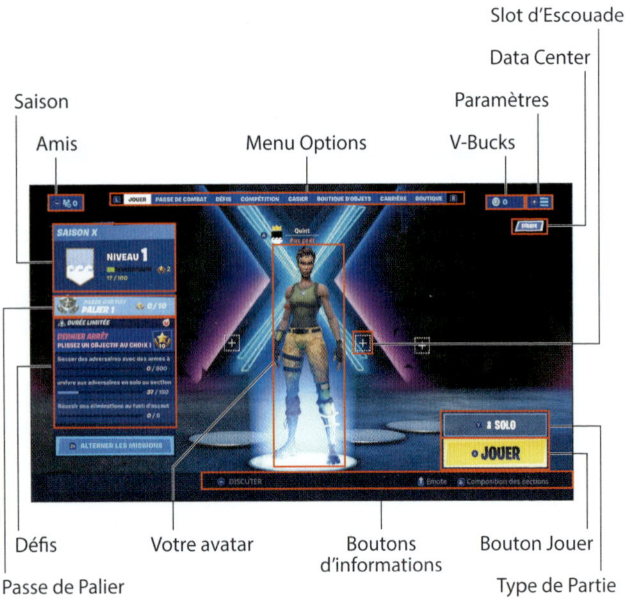

FIGURE 2.4 Le Salon en détail, sur Nintendo Switch.

- **V-Bucks :** Bouton en haut à droite de l'écran, avant le menu des paramètres. Il affiche le nombre de V-Bucks que vous pouvez encore dépenser.
- **Paramètres :** Le bouton s'affiche dans le coin supérieur droit du Salon, après le bouton des V-Bucks. C'est ici que vous modifiez vos préférences graphiques et audio, personnalisez vos commandes, gérez les paramètres multijoueurs, *etc*. Voir la section suivante pour plus de détails.
- **Data Center :** Ce bouton se trouve en haut à droite de l'écran, sous les boutons V-Bucks et Paramètres. Il affiche la région du serveur courante à laquelle vous êtes connecté.e pour le taux de ping in game le plus bas. Vous êtes généralement rerouté.e vers la région optimale, mais dans le cas contraire, la manipulation est possible manuellement, depuis Paramètres.

Le *ping* est le temps de réponse du réseau – mesuré en millisecondes (ms) – lors d'un jeu en ligne. Un ping de plus de 100 ms signifie un temps de réponse long, qui se traduit par un retard entre les actions lancées et leur résultat à l'écran. Définitivement pas bon.

- **Saison :** Elle est renseignée en haut à gauche, sous le bouton Amis. Le cadre affiche votre niveau dans la saison, votre niveau d'expérience (XP), et ce qu'il vous reste à faire pour atteindre le niveau suivant. Au démarrage de chaque nouvelle saison, votre niveau recommence à zéro.
- **Passe de Palier :** L'information se trouve sur la gauche, au-dessous de Saison et au-dessus de Défis. Vous y trouvez votre palier actuel sur le Passe gratuit ou le Passe de combat. Gagner des étoiles débloque des récompenses. Vous avancez d'un palier toutes les 10 étoiles gagnées.
- **Défis :** Sur la gauche, sous le Passe de Palier. Il permet d'alterner entre les Défis suggérés - qui sont des défis quotidiens ou hebdomadaires à relever une ou plusieurs fois - et les Défis d'Aide de Groupe, dans lesquels vous jouez avec d'autres gamers pour remporter les défis qui vous tiennent à cœur.
- **Votre personnage :** Celui ou celle qui se tient fièrement debout au centre du Salon est votre avatar actuel. C'est avec ce look que vous apparaîtrez dans le jeu.

- **Slot d'Escouade :** On en trouve à droite et à gauche de l'avatar. Dans un mode de jeu Escouade, trois slots attendent de part et d'autre de votre personnage d'être occupés par les membres qui constitueront votre équipe. Il suffit de sélectionner un slot d'Escouade vide pour inviter un ami depuis votre liste d'amis Epic Games. Une fois qu'ils ont accepté, leurs avatars respectifs apparaissent dans les slots.
- **Mode de jeu :** En bas à droite de l'écran, au-dessus de Jouer, il affiche le mode de jeu sélectionné. Vous avez la possibilité de basculer dans le mode Solo, Duo, Escouade ou Créatif.
- **Jouer :** Le bouton se trouve en bas à droite de l'écran, sous le bouton Mode de Jeu. Cliquer dessus vous envoie sur Spawn Island, le « hall d'entrée » ou lobby du jeu. C'est l'endroit où vous vous entraînez à tirer, construire, récolter du butin et parfaire vos stratégies, avant l'arrivée du Bus de Combat qui vous emportera sur le champ de bataille.
- **Boutons d'informations :** En bas de l'écran, ils indiquent quoi presser pour, respectivement, engager un *chat*, faire défiler les Défis, sélectionner un Emote afin d'admirer la danse de votre avatar, ou retrouver l'écran Actus. Ces fonctions peuvent être reconfigurées dans Paramètres.

Réglage des paramètres

Le menu Paramètres se trouve dans le coin supérieur droit du Salon, comme illustré à la Figure 2.4. Lorsque vous sélectionnez cette option, vous voyez apparaître un écran similaire à celui de la Figure 2.5.

La plupart des éléments de cet écran sont informatifs, à l'exception de l'icône représentant une molette dans le coin supérieur droit, qui est le principal moyen de modifier les divers paramètres et commandes. La partie gauche de ce menu affiche la bannière de votre avatar ainsi que les trois slots pour les membres potentiels de l'équipe. Pour le reste, voici de brèves descriptions :

- **Faire un retour :** Envoyez des commentaires *via* un formulaire sur les bugs ou les expériences de jeu.

- **Signaler un joueur :** Signalez un discours haineux, un nom offensant, une association avec des ennemis, du harcèlement, de la triche ou du piratage de la part d'un autre gamer.
- **Confidentialité :** Modifiez vos paramètres de confidentialité pour permettre à d'autres gamers de rejoindre votre Partie. Les options possibles sont Public, Amis ou Privé.
- **Choisir le mode de jeu :** Pour revenir à l'écran de sélection du mode de jeu.
- **Icône i :** Ce sont les informations juridiques de Fortnite, notamment les Contrats de licence d'utilisateur final (CLUF) et l'avis d'exploitation de données par des logiciels tiers.
- **Icône Epic Games :** Crédits de conception, développement et publications de Fortnite.
- **Icône du clipboard :** Ouvre le site web epicgames.com et affiche les dernières exigences en matière de code de conduite.
- **Icône en point d'interrogation :** Ouvre le site web epicgames.helpshift.com et propose des liens pour en savoir davantage sur divers sujets liés à Epic Games et à Fortnite.

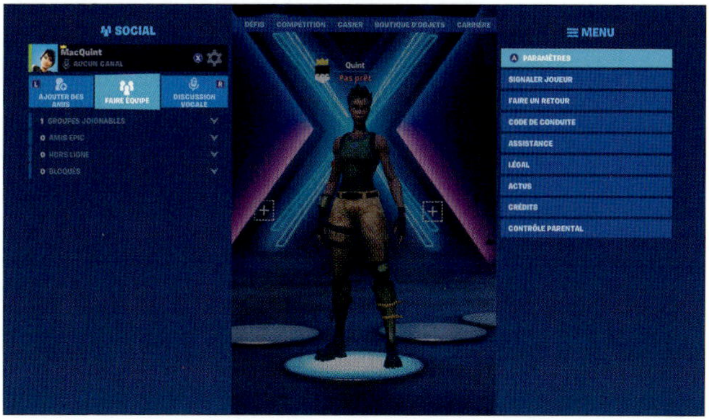

FIGURE 2.5 L'écran Paramètres de Fortnite, sur Nintendo Switch.

Sous le point d'interrogation des versions PC et Mac de Fortnite se trouve un bouton Quitter le jeu. Sur toutes les autres plateformes, vous quittez Fortnite comme vous le feriez avec n'importe quel autre jeu ou application. Certaines plateformes ont une icône de déconnexion, qui ressemble à un cadre de porte avec une flèche au milieu pointant vers la gauche.

Sur les versions iOS et Android, il existe deux options supplémentaires : l'Aide des commandes et l'outil de présentation du HUD. L'Aide des commandes affiche une image annotée des commandes en mode Combat et en mode Construction in game, tandis que l'outil de présentation du HUD vous permet de déplacer divers éléments à l'écran pour un affichage tête haute en fonction de vos préférences.

Lorsque vous cliquez sur l'icône de la molette dans le coin supérieur droit de l'écran Paramètres, des options similaires à celles de la Figure 2.6 s'affichent. De gauche à droite, les options sont les suivantes :

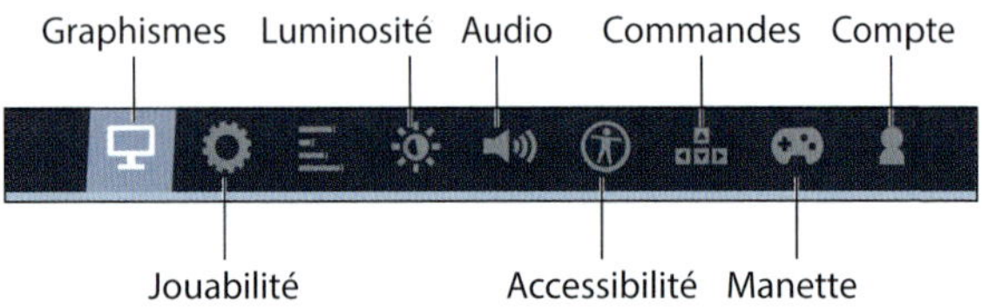

FIGURE 2.6 Options Paramètres d'un PC.

- **Graphismes :** Cette option permet d'ajuster divers paramètres visuels pour améliorer l'aspect ou les performances du jeu. Cette première icône représentant un moniteur n'est pas disponible sur la Nintendo Switch.
- **Jouabilité :** L'onglet de la deuxième icône, une molette, donne la possibilité de régler la région de matchmaking ainsi que divers paramètres de commandes.
- **Luminosité :** L'onglet de l'icône du soleil, absent sur iOS et Android, règle la luminosité de l'écran.
- **Audio :** C'est l'onglet à l'icône en haut-parleur. Il permet de régler le volume ainsi que d'autres paramètres audio.
- **Accessibilité :** L'icône affichant une silhouette dans un cercle n'est disponible ni sur iOS, ni sur Android. Les personnes ayant une déficience visuelle ou auditive peuvent ici ajouter ou changer des réglages pour leur confort de jeu.
- **Commandes :** L'icône des touches fléchées du curseur n'est disponible que sur PC, Mac, PlayStation 4 ou Xbox One. L'onglet permet de régler les actions attribuées aux commandes du clavier et de la souris.
- **Manette :** L'onglet de l'icône de la manette de jeu permet la configuration des commandes de combat et de construction attribuées à cet effet.

» **Compte :** L'onglet de l'icône du buste affiche votre identifiant de compte Epic et vous permet de configurer la confidentialité et les paramètres sociaux.

Les sous-sections suivantes détaillent les onglets du menu Paramètres. La plupart des options proposent une info-bulle ou un texte descriptif pour vous aider à comprendre le rôle d'une fonction ou d'un paramètre particulier.

N'ayez pas peur de modifier certains paramètres une fois que vous vous sentirez plus à l'aise avec le jeu. Vous pourrez toujours sélectionner Réinitialiser si vous voulez retrouver les valeurs par défaut des options d'un onglet.

Onglet Graphismes

L'onglet Graphismes, dont la version PC est illustrée à la Figure 2.7, est automatiquement configuré pour vous offrir les meilleures performances avec votre système. Utilisez ce menu pour modifier l'apparence et les performances de votre jeu sur PC, Mac iOS et Android. Petit bémol : sur la Xbox One et la PlayStation 4, le menu Graphismes n'autorise que l'activation ou la désactivation du Motion Blur (flou de mouvement), et sur la Nintendo Switch, il n'existe carrément pas. De manière générale, réduire ou désactiver un paramètre entraîne une amélioration des performances. Sur un appareil avec batterie, les mêmes manipulations devraient également économiser la durée d'opération de celle-ci.

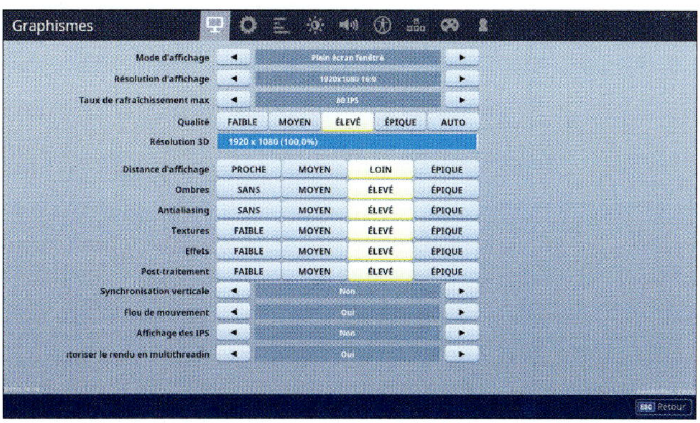

FIGURE 2.7 L'onglet Graphismes, sur PC.

Onglet Jouabilité

L'onglet Jouabilité, dont la version PC est illustrée à la Figure 2.8, est divisé en sections.

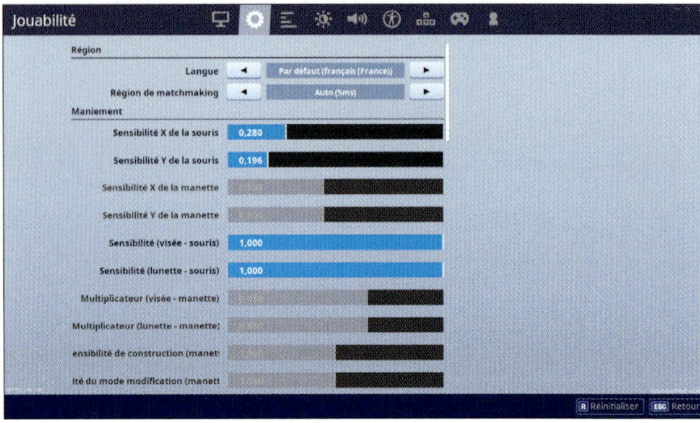

FIGURE 2.8 L'onglet Jouabilité, sur PC.

En voici les principales sections :

- **Région :** À Langue, choisissez la langue que vous souhaitez afficher pour tout le texte du jeu. À Région de matchmaking, définissez le serveur Epic Games auquel vous allez vous connecter. Dans la plupart des cas, l'option Auto vous donne les résultats optimaux, mais rien ne vous empêche de faire défiler ceux-ci pour voir si votre temps de ping s'améliore en changeant les serveurs manuellement.
- **Maniement :** Celui-ci contient diverses options permettant de définir la sensibilité de la souris, de la manette de jeu, de la visée ou des mouvements. Vous pouvez également inverser de nombreuses commandes, afin par exemple de regarder vers le bas quand vous poussez la manette vers le haut et *vice versa*.
- **Caméra et affichage :** Cette section est présente sur toutes les machines hormis l'iOS et l'Android, dont les fonctionnalités pertinentes sont intégrées dans Maniement. Les paramètres vous permettent ici de choisir entre rendre votre nom visible ou non aux autres joueurs, masquer ou non le nom des autres joueurs, ainsi que d'autres fonctionnalités qui affectent l'affichage des informations in game.
- **Personnalisation des commandes :** Cette zone définit votre façon de jouer et de réagir durant une Partie. Nombre

de ces réglages sont particulièrement utiles ; allons de ce pas y jeter un coup d'œil :

- *Basculer le Sprint* : Définit la touche du Sprint en on/off ou en maintien. Quand l'option est activée, le sprint est réglé sur une bascule on/off avec une seule pression.
- *Sprinter par défaut* : Lorsque cette option est activée, le mode de déplacement par défaut est le sprint. La touche du sprint permet de marcher.
- *Rechargement interrompu en sprintant* : Si l'option est activée, le rechargement d'une arme est interrompu lorsque vous sprintez.
- *Toucher pour fouiller/interagir* : Quand l'option est activée, fouiller et interagir ne requiert qu'une pression brève. En mode désactivé, la touche doit être maintenue enfoncée le temps demandé.
- *Basculer le ciblage* : Quand l'option est activée, la commande de ciblage est en mode bascule on/off. Version désactivée, la touche pour cibler doit être maintenue enfoncée.
- *Réinit. la structure choisie* : Lorsque cette option est activée, passer en mode Construction appelle toujours le premier élément de construction. Quand elle est désactivée, le jeu appelle le dernier élément de construction que vous avez utilisé.
- *Aide à la visée* : Quand cette option est activée, avec un gamepad, votre pointeur est attiré vers les joueurs ennemis.
- *Visée assistée en mode modification* : Lorsque cette option est activée, le pointeur est attiré vers le carré le plus proche lors de la construction en mode Édition, avec un gamepad.
- *Construction turbo* : Une fois cette option activée, il est possible de continuer de construire la pièce sélectionnée en maintenant la touche Construction enfoncée. Si l'option est désactivée, chaque construction nécessite une pression ou un clic.
- *Suppression turbo (mode Créatif)* : Lorsque cette option est activée, elle permet de supprimer rapidement des éléments en mode Créatif en maintenant la touche Supprimer enfoncée.

- *Changement de matériau auto.* : En mode activé, vous basculez automatiquement sur un nouveau type de matériau quand votre matériau actuel n'est plus en quantité suffisante pour construire.
- *Course auto (manette)* : Lorsque cette fonction est activée, un simple double clic sur le stick de mouvement déclenche la course automatique.
- *Ouverture auto des portes* : Si cette option est activée, les portes s'ouvrent en automatique dès que vous les approchez.
- *Ramassage auto des armes* : En option activée, les armes sont automatiquement récupérées lorsque vous passez au-dessus d'elles, à moins que votre inventaire ne soit déjà complet.
- *Objets à usage unique rangés à droite* : Quand cette option est activée, les consommables récupérés, tels que les soins et les boucliers, sont automatiquement rangés à l'extrémité droite de votre barre d'inventaire.
- *Spé. construction : construire immédiatement* : Si cette option est activée, lors du passage à un élément de construction différent, la construction démarre dès que vous prenez la pièce.
- *Durée de pression pour modifier* : Définit la durée pendant laquelle vous maintenez la touche enfoncée pour entrer en mode Édition.

» **Effets :** Active ou désactive la vibration de la manette. Sur certaines machines, vous pouvez également activer ou désactiver d'autres fonctionnalités liées au retour, ainsi que l'option Économie d'énergie.

» **Rediffusions :** Les propriétaires de PC, Mac, PlayStation 4 et Xbox One ont la possibilité d'enregistrer leurs Parties. Vous aurez ainsi le plaisir de les revoir sous n'importe quel angle et pourrez ainsi analyser vos stratégies. Cependant, enregistrer des Parties diminue les performances d'exécution et prend de l'espace de stockage. Utilisez donc cet outil judicieusement.

Onglet Luminosité

L'onglet Luminosité, dont la version PC est illustrée à la Figure 2.9, vous permet de régler la luminosité de votre écran.

Dans une pièce sombre, il est préférable de réduire le paramètre de luminosité. Dans une pièce bien éclairée, augmenter la luminosité rendra le jeu plus confortable.

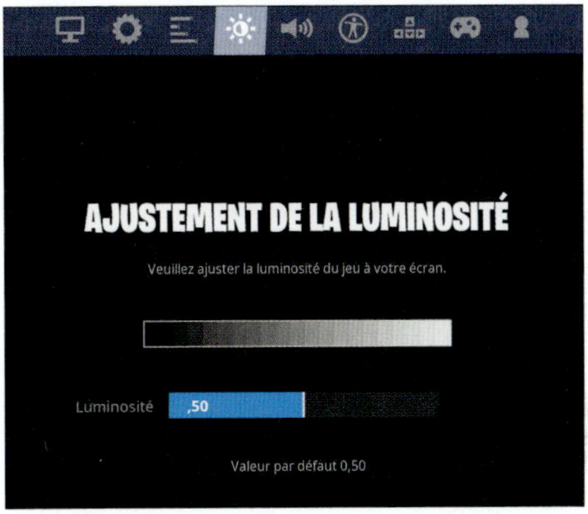

FIGURE 2.9 L'onglet Luminosité, sur PC.

Onglet Audio

L'onglet Audio, dont la version PC est illustrée à la Figure 2.10, vous permet de régler séparément la musique, les effets sonores, le *chat* vocal et le volume de la cinématique. Vous pouvez également activer ou désactiver les sous-titres et ajuster le *chat* vocal et les paramètres associés.

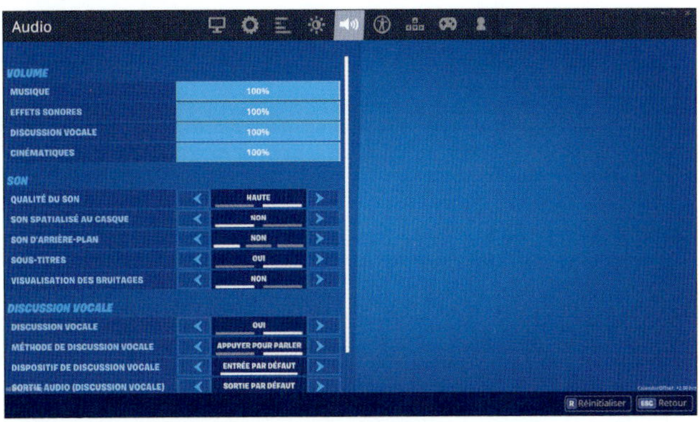

FIGURE 2.10 L'onglet Audio, sur PC.

Onglet Accessibilité

L'onglet Accessibilité, dont la version PC est illustrée à la Figure 2.11, vous donne la possibilité de définir le mode Daltonien, d'adapter le maniement en utilisant les commandes accessibles ou de visualiser les effets sonores.

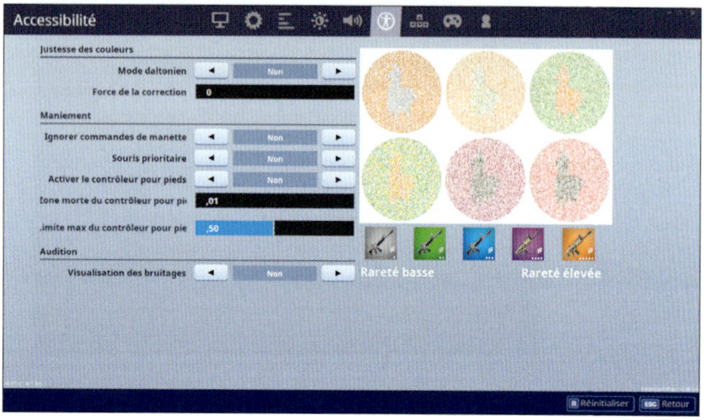

FIGURE 2.11 L'onglet Accessibilité, sur PC.

Onglet Commandes

L'onglet Commandes, dont la version PC est illustrée à la Figure 2.12, vous permet de régler le mappage des fonctions du clavier et de la souris. Cet onglet est disponible en permanence sur PC et Mac. Les gamers sur PlayStation 4 et Xbox One n'y ont accès que s'ils connectent un clavier et une souris à leur console.

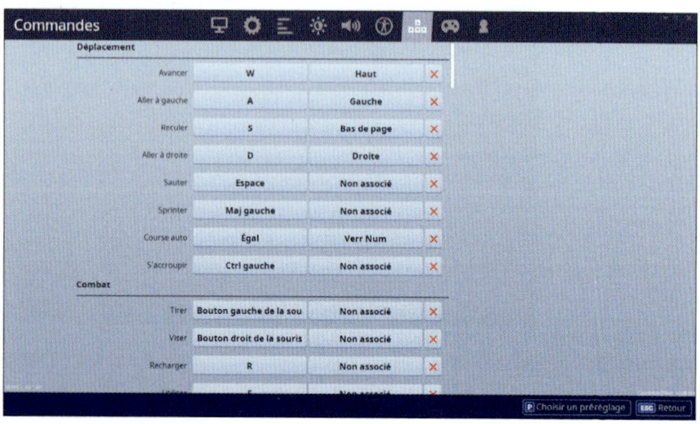

FIGURE 2.12 L'onglet Commandes, sur PC.

Onglet Manette

L'onglet Manette, dont la version PC est illustrée à la Figure 2.13, vous permet de choisir entre des commandes de combat et de construction personnalisées, ainsi que de régler la sensibilité analogique de votre gamepad. Vous pouvez également choisir une configuration personnalisée et attribuer des commandes et des touches à presque toutes les fonctions de votre choix. Sur PC et Mac, vous avez le choix entre les standards de la manette de la PlayStation 4 ou de la Xbox One en fonction du type de gamepad que vous utilisez.

FIGURE 2.13 L'onglet Manette, sur PC.

Onglet Compte

L'onglet Compte, dont la version PC est illustrée à la Figure 2.14, est divisé en fonctions Informations sur le compte, Contenu et Réseaux sociaux. La partie Contenu, dans laquelle vous pouvez demander un remboursement pour des achats non consommables, est particulièrement intéressante, même si vous ne pouvez demander que trois remboursements au total pour la durée de vie de votre compte.

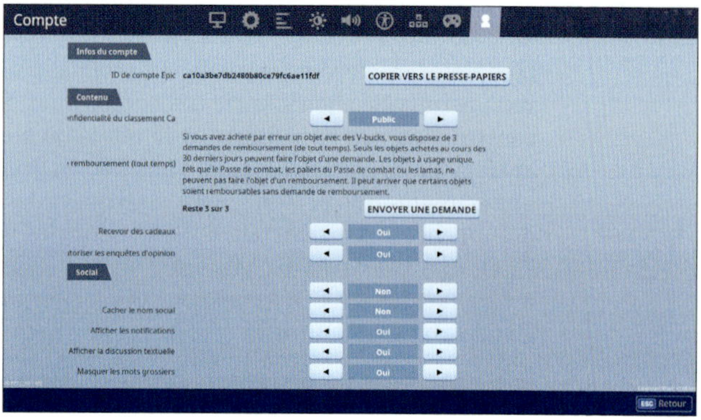

FIGURE 2.14 L'onglet Compte, sur PC.

Les diverses commandes

Comme vous le constatez, Fortnite est un jeu complexe aux ressources démultipliées. Pour le meilleur ou pour le pire, cette richesse de paramètres se répercute sur les commandes du jeu. Que vous utilisiez un clavier et une souris, un gamepad ou un écran tactile, il vous faut donc maîtriser ces commandes. Les sous-sections suivantes fournissent une référence pratique en matière de configuration des commandes par défaut.

Il est fortement recommandé de maîtriser l'un des ensembles de commandes par défaut avant d'utiliser un profil personnalisé ou d'attribuer des actions à de nouvelles touches ou de nouveaux boutons. Il vous faudra probablement disputer plusieurs Parties de *Battle Royale* avant d'acquérir suffisamment d'expérience pour évaluer votre style de jeu et les modifications qui pourraient avoir le plus de sens.

Tout d'abord, les fondamentaux

Un apprentissage de base des commandes (contrôles) Fortnite s'impose, quelle que soit la façon dont vous contrôlez le jeu. Passons en revue ces mécanismes de jeu fondamentaux :

- **Mouvement :** Pas de surprise, vous devrez marcher ou sprinter, sauter et vous accroupir. Vous aurez également à déplacer la caméra pour regarder autour de vous.

- **Combat :** Pour combattre, braquez votre arme et tirez, ou regardez dans le viseur, visez et tirez. Le rechargement de votre arme est automatique, mais n'hésitez pas à la recharger manuellement lorsqu'il vous reste peu de munitions, pour ne pas être pris.e au dépourvu. Cherchez toujours des façons de gagner du temps in game. Les secondes comptent !
- **Inventaire :** Y sont entassés les objets que vous ramassez en route. Basculez sur l'inventaire pour y choisir dans vos six slots les éléments que vous voulez utiliser. Un peu de rangement à faire ? Vous pouvez réorganiser les objets de votre inventaire en les déplaçant d'un slot à l'autre.
- **Construction :** Récoltez des objets en les frappant avec votre pioche. Dès que vous êtes prêt.e à construire, passez en mode Construction. À partir de là, vous pouvez switcher entre les matériaux, placer des éléments, puis les modifier. Quand le matériau choisi vient à manquer, le jeu passe automatiquement au matériau suivant – vous pouvez également le faire manuellement. Une fois la construction terminée, repassez en mode Combat.

La construction est essentielle pour établir de bonnes stratégies de combat à la fois offensif et défensif. Plus vite vous alternerez entre les modes Construction et Combat, plus vous serez un combattant ou une combattante efficace !

Avec un clavier et une souris

Le clavier et la souris s'utilisent sur un PC, un Mac, une PlayStation 4 ou une Xbox One en mode Maniement. Les catégories de commandes en Maniement sont divisées en Mouvement, Combat, Construction, Communication, Emote, Divers, Véhicules et Créatif, comme décrit dans les sous-sections suivantes.

Mouvement

Les commandes de maniement par défaut pour le mouvement sont renseignées dans le Tableau 2.1.

TABLEAU 2.1 **Commandes de maniement pour le mouvement**

Action	Touche du clavier	Action de la souris
Avancer	W	Haut
Aller à gauche	A	Gauche
Reculer	S	Bas
Aller à droite	D	Droite
Sauter	Barre d'espace	Non associé
Sprinter	Maj gauche	Non associé
Course auto	Égale	Verr Num
S'accroupir (*crouch*)	Ctrl gauche	Non associé

Combat

Les commandes de maniement par défaut pour le combat sont renseignées dans le Tableau 2.2.

TABLEAU 2.2 **Commandes de maniement pour le combat**

Action	Touche du clavier	Action de la souris
Tirer	Aucune	Bouton gauche de la souris
Viser	Aucune	Bouton droit de la souris
Recharger	R	Non associé
Utiliser	E	Non associé
Outil de collecte	F	Non associé
Arme 1	1	Non associé
Arme 2	2	Non associé
Arme 3	3	Non associé
Arme 4	4	Non associé
Arme 5	5	Non associé

Construction

Les commandes de maniement par défaut pour la construction sont renseignées dans le Tableau 2.3.

TABLEAU 2.3 Commandes de maniement pour la construction

Action	Touche du clavier	Action de la souris
S'accroupir en construisant	Ctrl gauche	Non associé
Mur	Z	Bouton 2 de la souris Pouce
Sol	X	Non associé
Escaliers	C	Bouton de la souris Pouce
Toit	V	Non associé
Piège	V	Non associé
Placer la structure	Non associé	Bouton gauche de la souris
Réparer/Améliorer	H	Non associé
Faire pivoter la structure	R	Non associé
Changer de matériau	Aucune	Bouton droit de la souris
S'accroupir en modifiant	Ctrl gauche	Non associé
Sélectionner la modif.	Non associé	Bouton gauche de la souris
Réinitialiser la structure	Non associé	Bouton droit de la souris

Communication

Les commandes de maniement par défaut pour la communication sont renseignées dans le Tableau 2.4.

TABLEAU 2.4 Commandes de maniement pour la communication

Action	Touche du clavier	Action de la souris
Signal/Placer marqueur	Non associé	Bouton du milieu de la souris
Placer marqueur ennemi	Non associé	Non associé
Appuyer pour parler	T	Non associé
Messagerie de section	F4	Non associé
Chat	Entrée	Non associé

Emote

Les commandes de maniement par défaut pour les Emotes sont renseignées dans le Tableau 2.5.

TABLEAU 2.5 Commandes de maniement pour les Emotes

Action	Touche du clavier	Action de la souris
Emote	B	Non associé
Emote du casier 1	Non associé	Non associé
Emote du casier 2	Non associé	Non associé
Emote du casier 3	Non associé	Non associé
Emote du casier 4	Non associé	Non associé
Emote du casier 5	Non associé	Non associé
Emote du casier 6	Non associé	Non associé
Répéter la dernière Emote	Non associé	Non associé

Divers

Les commandes de maniement par défaut pour les Divers sont renseignées dans le Tableau 2.6.

TABLEAU 2.6 Commandes de maniement pour les Divers

Action	Touche du clavier	Action de la souris
Modif. construction	G	Non associé
Passer à l'outil de collecte/la pioche	L	Non associé
Sélecteur/Placeur de piège	F3	Non associé
Alterner les raccourcis	Q	Non associé
Emplacement précédent	Non associé	Molette de la souris – Bas
Emplacement suivant	Non associé	Molette de la souris – Haut
Sélecteur précédent	Non associé	Molette de la souris – Bas
Sélecteur suivant	Non associé	Molette de la souris – Haut
Mode curseur	Alt gauche/Alt droit	Non associé
Afficher la carte	M	Non associé
Afficher l'inventaire	Tab/I	Non associé

Véhicules

Les commandes de maniement par défaut pour les véhicules sont renseignées dans le Tableau 2.7.

TABLEAU 2.7 Commandes de maniement pour les véhicules

Action	Touche du clavier	Action de la souris
Sortir du véhicule	E	Non associé
Changer de place dans le véhicule	Ctrl gauche	Non associé
Klaxon du véhicule	Non associé	Bouton droit de la souris
Véhicule avance	S	Bas
Véhicule recule	W	Haut
Chariot de supermarché (appuyer)/Roue libre (maintenir)	Barre d'espace	Non associé
Canon de Pirate – Tirer	Non associé	Bouton gauche de la souris
Canon de Pirate – Tirer (2)	Non associé	Non associé
Canon de Pirate – Pousser (appuyer)/Roue libre (maintenir)	Barre d'espace	Non associé
Canon de Pirate – Pousser (appuyer)/Roue libre (maintenir) (2)	Barre d'espace	Non associé
Dérapage Voiturette Tout-terrain (ATK)	Barre d'espace	Non associé
Turbo du Quad à Réaction	Barre d'espace	Non associé
Turbo de l'Aéroplanche	Maj gauche	Non associé
Utiliser/Laisser l'Aéroplanche	E	Non associé
Turbo de la Bulle mobile	Barre d'espace	Non associé
Tirer/rétracter le grappin de la Bulle mobile	Non associé	Bouton gauche de la souris
Étendre le grappin de la Bulle mobile	Non associé	Bouton droit de la souris
Biplan – Accélérer	Barre d'espace	Non associé
Biplan – Tirer	Non associé	Bouton gauche de la souris
Biplan – Basculer à droite	C	Non associé
Biplan – Basculer à gauche	Z	Non associé

TABLEAU 2.7 Commandes de maniement pour les véhicules (suite)

Action	Touche du clavier	Action de la souris
Biplan – Inverser l'axe de roulis	X	Non associé
Biplan – Démarrage du moteur	W/Barre d'espace	Non associé
Biplan – Arrêter le moteur	Maj gauche	Non associé
Biplan – Vue libre	Non associé	Bouton droit de la souris

Créatif

Les commandes de maniement par défaut pour le mode Créatif sont renseignées dans le Tableau 2.8.

TABLEAU 2.8 Commandes de maniement pour Créatif

Action	Touche du clavier	Action de la souris
Créatif – Prendre/Laisser	Non associé	Bouton droit de la souris
Créatif – Copier	Non associé	Bouton gauche de la souris
Créatif – Supprimer	X	Non associé
Créatif – Copier l'accessoire	Non associé	Bouton gauche de la souris
Créatif – Activer/Désactiver chute accessoire	G	Non associé
Créatif – Faire pivoter l'accessoire en sens horaire	R	Non associé
Créatif – Faire pivoter l'accessoire en sens antihoraire	E	Non associé
Créatif – Axe de rotation accessoire (appuyer)/ Réinitialiser (maintenir)	Tab	Non associé
Créatif – Pousser l'accessoire	F	Non associé
Créatif – Tirer l'accessoire	C	Non associé
Créatif – Laisser l'accessoire	Échap	Bouton droit de la souris
Créatif – Fixer l'accessoire sur la grille	V	Non associé
Créatif – Copier le bâtiment	Non associé	Bouton gauche de la souris
Créatif – Faire pivoter le bâtiment en sens horaire	R	Non associé

TABLEAU 2.8 Commandes de maniement pour Créatif (suite)

Action	Touche du clavier	Action de la souris
Créatif – Faire pivoter le bâtiment en sens antihoraire	Z	Non associé
Créatif – Miroir du bâtiment	M	Non associé
Créatif – Laisser le bâtiment	Echap	Bouton droit de la souris
Créatif – Fixer le bâtiment sur la grille	V	Non associé
Créatif – Monter	Maj gauche	Non associé
Créatif – Descendre	Ctrl gauche	Non associé
Créatif – Soutien créateur, panneau de l'île	Q	Non associé
Créatif – Démarrage du jeu, panneau de l'île	E	Non associé

Avec un gamepad

Les gamepads, ou manettes de jeu, fonctionnent sur toutes les plateformes, y compris sur iOS et Android. Pour la PlayStation 4, la Xbox One et la Nintendo Switch, les commandes de gamepad sont conçues pour s'adapter à l'agencement de leurs boutons standard. Les gamers sur PC et de Mac peuvent choisir entre les agencements Xbox One et PlayStation 4, en fonction du type de manette utilisé avec leur système. La plupart des manettes MFi pour appareils iOS et des manettes Bluetooth compatibles avec Android ont tendance à adopter l'agencement des manettes Xbox One.

Il existe cinq configurations de manette différentes, chacune optimisant l'agencement pour un style de jeu particulier : Classique, Construction Rapide, Spécialité Combat, Spécialité Construction et Personnalisé, ainsi que des commandes de combat et de construction spécifiques pour chacune d'elles. Spécialité Construction est la configuration par défaut de Fortnite et s'est révélée être la plus populaire. Ces commandes sont présentées dans le Tableau 2.9 et le Tableau 2.10. Le Tableau 2.9 montre les commandes de combat.

TABLEAU 2.9 **Spécialité Construction pour les commandes de combat, sur Xbox One, PlayStation 4 et Nintendo Switch**

Action	Xbox One	PlayStation 4	Nintendo Switch
Regarder dans le viseur	Gâchette gauche	L2	ZL
Arme précédente	Bumper gauche	L1	L
Se déplacer	Stick gauche	Stick gauche	Stick gauche
Sprinter/Sprint auto (appuyer deux fois)	Clic du stick gauche	Stick gauche	Stick gauche
Inventaire (gestion, *etc.*)	Pad directionnel haut	Bouton directionnel haut	Bouton directionnel haut
Emote	Pad directionnel bas	Bouton directionnel bas	Bouton directionnel bas
Placer marqueur	Pad directionnel gauche	Bouton directionnel gauche	Bouton directionnel gauche
Messagerie de section	Pad directionnel droit	Bouton directionnel droit	Bouton directionnel droit
Menu de jeu (amis, *etc.*)	Bouton Menu	Touche SHARE	Bouton Plus
Afficher la carte	Touche Affichage	Touche pavé tactile	Bouton Moins
Attaquer/Confirmer	Gâchette droite	R2	ZR
Arme suivante	Bumper droit	R1	R
Passer à l'outil de collecte/la pioche	Bouton Y	Bouton Triangle	X
Recharger/Interagir (appuyer/maintenir)	Bouton X	Bouton Carré	Bouton Y
Passer en mode Construction/Modifier la structure (maintenir)	Bouton B	Bouton Cercle	Bouton A
Sauter	Bouton A	Bouton X	Bouton B
Regarder	Stick droit	Stick droit	Stick droit
S'accroupir (appuyer)/Réparer (maintenir)	Clic du stick droit	Clic du stick droit	Clic du stick droit

Le Tableau 2.10 montre les commandes de construction.

TABLEAU 2.10 Spécialité Construction pour les commandes de construction, sur Xbox One, PlayStation 4 et Nintendo Switch

Action	Xbox One	PlayStation 4	Nintendo Switch
Escaliers (appuyer : sélect./ appuyer : placer)	Gâchette gauche	L2	ZL
Toit (appuyer : sélect./appuyer : placer)	Bumper gauche	L1	L
Se déplacer	Stick gauche	Stick gauche	Stick gauche
Sprinter/Sprint auto (appuyer deux fois)	Clic du stick gauche	Clic du stick gauche	Clic du stick gauche
Menu de gestion (inventaire, *etc.*)	Pad directionnel haut	Bouton directionnel haut	Bouton directionnel haut
Emote	Pad directionnel bas	Bouton directionnel bas	Bouton directionnel bas
Changer le matériau/Piège	Pad directionnel gauche	Bouton directionnel gauche	Bouton directionnel gauche
Messagerie de section	Pad directionnel droit	Bouton directionnel droit	Bouton directionnel droit
Menu de jeu (amis, *etc.*)	Bouton Menu	Bouton SHARE	Bouton Plus
Afficher la carte	Bouton Affichage	Touche pavé tactile	Bouton Moins
Mur (appuyer : sélect./appuyer : placer)	Gâchette droite	R2	ZR
Sol (appuyer : sélect./appuyer : placer)	Bumper droit	R1	R
Passer à l'outil de collecte/la pioche	Bouton Y	Bouton Triangle	X
Piège (appuyer : sélect./ appuyer : placer) Interagir (appuyer/maintenir)	Bouton X	Bouton Carré	Bouton Y

TABLEAU 2.10 **Spécialité Construction pour les commandes de construction, sur Xbox One, PlayStation 4 et Nintendo Switch (suite)**

Action	Xbox One	PlayStation 4	Nintendo Switch
Passer en mode Construction/ modifier la structure (maintenir)	Bouton B	Bouton Cercle	Bouton A
Sauter	Bouton A	Bouton X	Bouton B
Regarder	Stick droit	Stick droit	Stick droit
Faire pivoter la pièce (appuyer)/ réparer (maintenir) Réinitialiser les modif. (mode modification)	Clic du stick droit	Clic du stick droit	Clic du stick droit

Avec un écran tactile

Que vous soyez gamer sur iOS ou Android, il est toujours possible d'utiliser un gamepad pour jouer à Fortnite, mais l'option de commandes la plus courante reste l'écran tactile intégré de votre appareil mobile. La Figure 2.15 décrit les commandes de combat de base par défaut pour les écrans tactiles.

L'outil d'interface personnalisée, situé dans Paramètres, vous permet de déplacer divers éléments à l'écran pour un affichage tête haute (HUD) en fonction de vos préférences personnelles. Le même conseil que pour les commandes du clavier, de la souris et du gamepad s'applique ici, à savoir qu'il est préférable de laisser la disposition de l'écran dans sa configuration par défaut jusqu'à ce que vous soyez plus à l'aise avec le jeu.

La Figure 2.16 montre les commandes de construction de base par défaut pour les écrans tactiles.

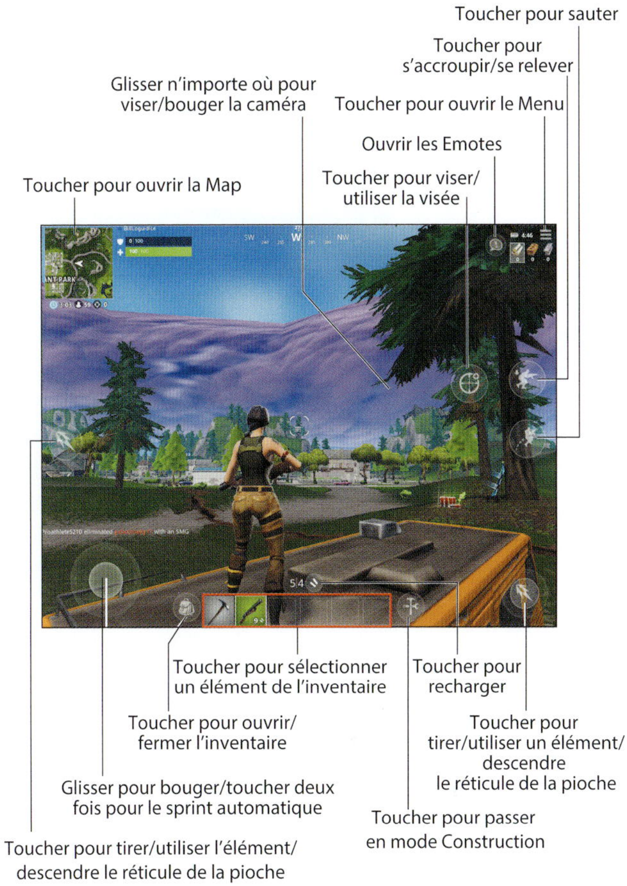

FIGURE 2.15 HUD des commandes de combat par défaut pour écrans tactiles (ici, écran d'iPad).

FIGURE 2.16 HUD des commandes de construction par défaut pour écrans tactiles (ici, un écran d'iPad).

Acheter des accessoires

Pour jouer à Fortnite, tout ce dont vous avez besoin, c'est de l'une des plateformes prises en charge avec des commandes standard, ainsi qu'une bonne connexion Internet. C'est ce qui fait la différence entre jouer à un jeu et jouer à un jeu de manière optimale.

Que faut-il avoir pour bien jouer ? Bien sûr, un ordinateur rapide et puissant avec une carte graphique haut de gamme, la version la plus récente et la plus performante d'une console ou d'un appareil mobile, ainsi que l'écran le plus grand et le plus rapide possible associé au meilleur système audio. Vous avez néanmoins la possibilité d'améliorer votre expérience globale pour beaucoup moins avec des accessoires tels qu'une souris, un clavier, un gamepad ou un casque plus performants.

Voici quelques points auxquels faire attention lors de l'achat d'accessoires, afin d'améliorer votre expérience globale non seulement avec Fortnite, mais également avec d'autres jeux, selon le système de votre choix :

- **Souris :** Une bonne souris pour Fortnite est celle qui vous permet de vous déplacer rapidement et avec précision. Elle comporte également au moins quelques boutons supplémentaires, que vous pourrez attribuer à certaines des fonctions « non associées » des Tableaux 2.1 à 2.8. Les souris conçues pour les jeux sont évidemment les plus tentantes, comme la souris Razer DeathAdder Elite à haute résolution et configurable physiquement (79,99 €) ou la Corsair Glaive RGB (79,99 €), illustrée à la Figure 2.17. Bien que les gamers professionnels préfèrent généralement les souris câblées, pour minimiser les retards d'input ou les interférences de signaux, la souris sans fil Logitech G Pro (119,76 €) utilise une technologie sans fil exclusive pour égaler et même dépasser les performances de ses concurrentes câblées.

FIGURE 2.17 La souris gaming Corsair Glaive RGB est dotée de poignées interchangeables, pour une sensation plus personnalisée (source : Amazon.com).

- **Claviers :** Les claviers fournis avec les ordinateurs sont généralement pauvres en fonctionnalités et performances. Les claviers gaming en revanche disposent d'une multitude de touches programmables et de commutateurs (switches) mécaniques offrant une sensation plaisante et un taux de réponse plus rapide. Des claviers comme le Corsair K95 RGB Platinum (199,99 $) – qui est doté de switches Cherry MX Speed sur un châssis en aluminium, avec sauvegarde de profil personnalisable – ou le HyperX Alloy Elite RGB (139,99 €) illustré à la Figure 2.18 – avec son choix de touches HyperX optionnelles et son propre logiciel personnalisable – en sont deux excellents exemples.

FIGURE 2.18 L'HyperX Alloy Elite RGB est livré avec des touches texturées en option pour remplacer les touches de déplacement habituelles W, A, S et D ainsi que les quatre premières touches de fonction (source : Amazon.com).

- **Gamepads :** Les gamepads standard de la PlayStation 4, de la Xbox One et de la Nintendo Switch sont efficaces, mais il existe de meilleures options. Pour la PlayStation 4, la Razer Raiju Pro (149,99 €) propose une personnalisation des caractéristiques ainsi que des gâchettes et des boutons plus sensibles. Pour la Xbox One, la manette sans fil Microsoft Xbox Elite (139,99 €), illustrée à la Figure 2.19, offre une sensation décuplée, avec des composants interchangeables. Pour la Nintendo Switch, le Joy-Cons standard pourra être remplacé avantageusement par la manette Nintendo Switch Pro (69,90 €), un gamepad dédié confortable avec des commandes de mouvement, des vibrations HD et des fonctionnalités intégrées d'Amiibo.
- **Casques :** Un bon casque gamer vous permet non seulement d'entendre clairement tous les effets sonores in game – y compris les bruits venant de tout endroit d'où vous pouvez être mis.e en joue – mais également, grâce à un micro intégré, de parler à vos coéquipiers pour mieux coordonner vos actions. Il est difficile de trouver des casques gamers compatibles avec toutes les plateformes. Citons

le casque Kingston HyperX Cloud Stinger (44,99 €), qui se branche dans n'importe quelle prise casque standard, ou encore le casque filaire universel haut de gamme Victrix Pro AF avec annulation active du bruit (265 €), illustré à la Figure 2.20. Si vous préférez un casque spécifique à une plateforme, il existe de nombreuses options câblées et sans fil, la plupart avec un très bon son surround et des oreillettes confortables et respirantes pour les longues et intenses sessions de jeu.

FIGURE 2.19 La manette sans fil Microsoft Xbox Elite est livrée avec quatre jeux de paddles, six thumbsticks et deux D-pads. Vous pouvez donc configurer les éléments pour trouver l'agencement idéal (source : Amazon.com).

FIGURE 2.20 Le casque gamer filaire universel Victrix Pro AF avec annulation active du bruit réduit jusqu'à 70 % du bruit de fond. Vous pouvez ainsi vous concentrer pleinement sur votre Partie (source : Amazon.com).

Chapitre 3

Vos premières Parties

DANS CE CHAPITRE :

- **Comment se déroule le jeu.**
- **Savoir quand sauter et où atterrir.**
- **Chercher et collecter du butin (loot).**
- **Éviter la tempête.**
- **Survivre seul.**
- **Jouer avec les autres.**

Maintenant que nous avons fait le tour du fonctionnement de Fortnite au Chapitre 1 et des divers éléments et paramétrages indispensables au Chapitre 2, il est temps de vous lancer dans vos premières Parties de *Battle Royale*. Que vous choisissiez un type de jeu Solo, Duo ou Escouade, la structure globale reste la même.

Comment se déroule le jeu

Une Partie de *Battle Royale* se décompose en quatre séquences, dont la dernière aboutit à la victoire finale d'un joueur ou d'une équipe. Passons en revue cette progression :

- **Zone de prédéploiement, ou lobby :** Une fois que vous avez sélectionné un type de jeu Solo, Duo ou Escouade, vous êtes transporté.e dans le lobby depuis le Salon. C'est la zone d'attente, une sorte d'antichambre où vous pouvez vous entraîner sans conséquence jusqu'à ce que tous les autres joueurs rejoignent la Partie.

- **Bus de Combat :** Dès que tous les joueurs sont présents, vous montez automatiquement à bord du Bus de Combat volant, qui effectue ensuite un parcours aléatoire au-dessus de l'île. Le Bus de Combat n'atterrit jamais ; vous devez donc choisir à quel moment sauter du véhicule. Oui, chute libre assurée ! Heureusement, un planeur – qu'il vous faudra déployer – ralentit votre descente et vous permet d'affiner votre point d'atterrissage.

Si vous oubliez de sauter du Bus de Combat ou de déployer le planeur, le jeu prendra automatiquement le relais pour exécuter l'une ou l'autre de ces actions au dernier moment. Ce sont les seules circonstances où le jeu vous aidera, alors assurez-vous de rester concentré.e !

- **Sur le terrain :** après l'atterrissage, vous ne disposez que d'une pioche. Pas de temps à perdre, donc, votre première tâche consiste à trouver une arme. Pendant que vous en cherchez une, prenez le temps de ramasser des matériaux avec votre pioche. Récoltez tout ce que vous pouvez !
- **La Bataille :** La partie restante du jeu est consacrée à vous placer dans les meilleures positions offensives et défensives. Même si vous cherchez à éviter les conflits, le cercle de la tempête qui se rapproche petit à petit finit par rendre l'aire de jeu de la zone de sécurité trop petite. Malgré tous vos efforts, vous serez obligé.e de vous battre à un moment donné !

  Vous devrez maîtriser les différentes techniques de construction, les armes et autres objets pour pouvoir vaincre vos ennemis. Ne vous inquiétez pas si vous ou votre équipe continuez à vous faire allumer au début. La pratique vous rendra imbattable, ou tout au moins meilleur, alors ne perdez pas espoir !

L'entraînement dans le lobby

Le lobby, illustré à la Figure 3.1, est l'unique endroit où vous entraîner avant de subir la pression intense de vos adversaires et du cercle de la tempête qui se rapproche de vous. De nombreux gamers utilisent ce court laps de temps avant l'arrivée de tous les autres et du Bus de Combat, pour trouver des armes et s'exercer à tout ce qui en permet l'utilisation efficace, comme viser, tirer, recharger et basculer vers d'autres objets de leur inventaire. Vous avez également l'opportunité de vous essayer à d'autres pratiques in game, comme la construction de forts – ce qui s'avère aussi important que l'utilisation habile de vos armes.

Si vous maîtrisez déjà les commandes, utilisez à bon escient votre temps dans le lobby en appuyant sur le bouton Carte. Vous verrez alors s'afficher l'itinéraire aléatoire que prendra le Bus de Combat et pourrez planifier les endroits où vous souhaitez sauter. Ainsi, vous n'aurez plus à vous soucier de savoir à quel moment sauter du Bus de Combat, et vous ne risquerez pas de manquer un point d'atterrissage idéal.

FIGURE 3.1 Le lobby vous permet de pratiquer à peu près tout ce que vous voulez avant que vous montiez automatiquement dans le Bus de Combat.

Savoir quand sauter

Après avoir passé un peu de temps dans le lobby, vous êtes automatiquement embarqué.e dans le Bus de Combat volant – comme le montre la Figure 3.2 – où vous pouvez rejoindre jusqu'à 99 autres joueurs. Si l'île reste généralement la même au cours d'une saison donnée, à chaque Partie, les zones de sécurité et les emplacements des coffres à loot de l'île, ainsi que le trajet emprunté par le bus changent aléatoirement.

Bien que le trajet du Bus soit différent à chaque fois, il vole toujours en ligne droite. Si vous n'avez pas encore sauté alors qu'il a atteint la fin de son parcours et que le temps est écoulé, vous serez automatiquement poussé dehors, hop, pas d'état d'âme !

Vous avez probablement remarqué que des messages s'affichent en bas à gauche de l'écran, disant « [*Nom du joueur*] a remercié le chauffeur du bus ». Si vous aussi souhaitez remercier le chauffeur du Bus, vous le pouvez en appuyant sur le pad D (Xbox One/PlayStation 4/Nintendo Switch), la touche B (PC/Mac) ou l'icône Emote sur le côté droit de l'écran (mobile) avant de sauter du véhicule. Pour le moment, cela ne fait aucune différence dans le gameplay, mais c'est toujours une action amusante à faire.

FIGURE 3.2 À bord du Bus de Combat.

Savoir où atterrir

Vous avez le droit de sauter du Bus de Combat à tout moment, mais une bonne stratégie décidée en amont vous donnera une meilleure chance de survivre aux premières batailles. Le Chapitre 4 vous fournit un aperçu détaillé de la carte, ainsi que des avantages et inconvénients propres à divers endroits. Ayez toujours en tête une solution pour vous rendre à votre destination une fois que vous êtes in game. C'est là que le marqueur de carte prend toute son importance.

Lors de l'affichage de la carte, établissez un marqueur – représenté par un losange bleu, comme dans la Figure 3.3. Ce marqueur apparaît sous la forme d'une longue traînée éclairante bleue après que vous avez quitté le Bus de Combat, tel qu'illustré à la Figure 3.4. Étant donné que vous avez un contrôle limité sur votre chute libre, programmez votre saut hors du Bus de Combat de façon à vous trouver à une distance raisonnable de votre cible.

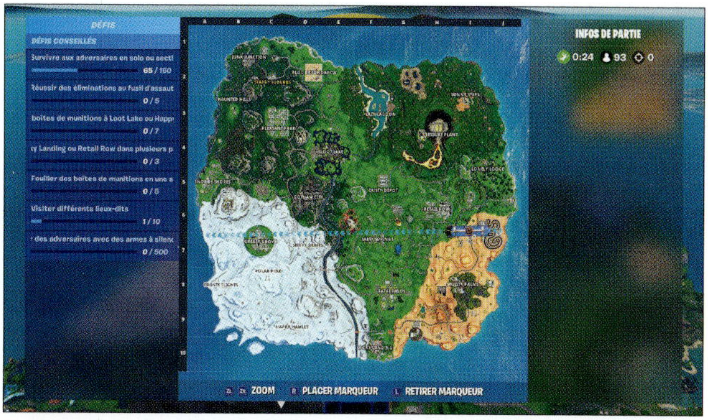

FIGURE 3.3 Affichez la carte et placez un marqueur le plus tôt possible afin de pouvoir chronométrer correctement votre saut du Bus de Combat.

FIGURE 3.4 Dirigez votre chute libre vers le marqueur que vous avez défini, qui est représenté in game par une traînée bleue.

Durant votre chute libre, vous pouvez augmenter votre vitesse de descente en pointant vers le bas. Vous pouvez également déployer manuellement votre planeur pour à la fois ralentir votre descente et mieux gérer la direction de votre chute. Cependant, plus vite vous atterrirez, mieux ce sera, car vous aurez ainsi davantage de temps pour trouver les armes et fournitures indispensables au jeu.

Le jeu déploie automatiquement votre planeur lorsque vous êtes près du sol, et le maintient déployé jusqu'à l'atterrissage. N'hésitez donc pas à être aussi offensif.ve que possible lors de votre descente.

Chercher et collecter du loot

Parce que les armes ont toujours battu les pioches, dès que vous êtes au sol, commencez sans attendre à piller. Il est probable que vous serez lent.e au début, étant débutant.e. C'est pourquoi, une fois que vous aurez maîtrisé le système de commandes, votre prochain défi sera d'apprendre à exécuter chaque action le plus rapidement possible. La vitesse l'emporte généralement sur tout le reste dans Fortnite, et collecter les matériaux le plus rapidement possible contribue grandement au succès.

Vous disposez de six slots (emplacements) d'inventaire, le premier étant retenu pour votre pioche, comme le montre la Figure 3.5. Ce qui laisse cinq autres slots pour les armes et objets de guérison. Dès que vous êtes au sol, localisez au moins une arme. Cherchez partout, y compris à l'intérieur, derrière et sur le toit des bâtiments et des véhicules. Localisez et détruisez les caisses et coffres pour récupérer encore plus de loot !

Essayez d'être cohérent.e dans votre façon de ranger vos armes – telles que les grenades – et autres objets – tels que des trousses médicales – dans vos cinq slots d'inventaire. Le fait de savoir qu'un élément particulier se trouve toujours au même endroit vous aidera à exploiter votre mémoire musculaire quand les secondes comptent.

Une fois que vous avez une arme, utilisez votre pioche pour récolter du matériel provenant de maisons, d'arbres, de véhicules et d'autres objets. Presque tout est destructible. Alternez entre la recherche d'armes et autres objets tels que des Potions de bouclier, et la collecte de matériaux permettant de construire des structures telles que des forts et des ponts.

Vous pouvez détenir un nombre illimité de munitions, alors n'hésitez pas à prendre tout ce que vous trouvez.

FIGURE 3.5
La pioche et les cinq slots d'inventaire restants se trouvent dans le coin inférieur droit de votre écran. Remplissez rapidement ces slots vides pour avoir les meilleures chances de survie, mais soyez toujours prêt.e à remplacer les stocks existants par quelque chose de plus intéressant !

Éviter la tempête

Indépendamment de tout ce que vous devez gérer dans la *Battle Royale* de Fortnite, il vous reste encore la menace omniprésente d'une tempête. Cette tempête meurtrière réduit non seulement la visibilité lorsque vous êtes pris.e dedans, mais elle nuit également à votre santé. Si vous ne restez pas à l'écart de la tempête et sortez de son œil (la zone de sécurité), vous serez blessé.e et pourrez même mourir. La zone de sécurité se trouve à l'intérieur d'un cercle quelque part sur la carte, comme illustré à la Figure 3.6.

La zone de sécurité s'amenuisant au fur et à mesure, vous devez continuellement avancer. Puis la tempête elle-même se déplace, ce qui vous oblige à vous déplacer avec elle pour rester dans la zone de sécurité, qui ne cesse de rétrécir.

Les autres joueurs essaieront eux aussi de se protéger de la tempête. Par conséquent, attendez-vous à des combats plus fréquents à mesure que le cercle de tempête diminue. Soyez prêt.e à toute éventualité !

FIGURE 3.6 L'œil de la tempête, ou zone de sécurité, est représenté par un cercle sur la carte. Restez dans le cercle pour éviter de subir des dégâts.

L'icône bleue du chronomètre, illustrée à la Figure 3.7, apparaît juste au-dessous de la minicarte ou à la droite de la carte en plein écran. Elle affiche combien de temps il vous reste avant la prochaine tempête. Lorsque la zone sécurisée commence à rétrécir ou à se déplacer, l'icône bleue est remplacée par une icône de nuage d'orage rose clignotant. Cette icône rose redevient une icône bleue de chronomètre lorsque l'événement s'arrête.

Dans les premiers temps d'une Partie, l'œil de la tempête rétrécit tout simplement. Puis il rétrécit et se déplace. Et plus il rétrécit et se déplace, plus les dégâts sur votre Santé sont importants : de un point à la seconde, ce sont jusqu'à dix points par seconde qui partent au fur et à mesure de l'avancement de la Partie. Le Tableau 3.1 vous donne un exemple de l'activité des tempêtes qui étaient en cours au moment de la rédaction de ce livre. Pour les saisons suivantes, planifiez votre stratégie en conséquence !

Chronomètre

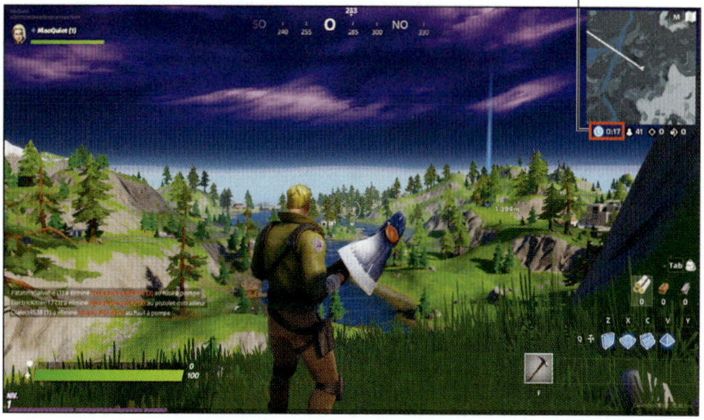

FIGURE 3.7 Le chronomètre annonçant la prochaine tempête.

TABLEAU 3.1 Événements des tempêtes et dégâts

Phase de la tempête	Planification de l'événement	Temps de rétrécissement	Dommages à l'intérieur de la tempête
Cercle 1	3 minutes, 20 secondes	3 minutes	1 point par seconde
Cercle 2	2 minutes	2 minutes	1 point par seconde
Cercle 3	1 minute, 30 secondes	1 minute, 30 secondes	2 points par seconde
Cercle 4	1 minute, 20 secondes	1 minute, 10 secondes	5 points par seconde
Cercle 5	50 secondes	60 secondes	10 points par seconde
Cercle 6 – Se déplace	30 secondes	60 secondes	10 points par seconde
Cercle 7 – Se déplace	Pas d'attente	55 secondes	10 points par seconde
Cercle 8 – Se déplace	Pas d'attente	45 secondes	10 points par seconde
Cercle 9 – Se déplace	Pas d'attente	75 secondes	10 points par seconde

Survivre seul

Dans ce jeu, c'est chacun pour soi ! Pour survivre en mode Solo, vous devrez faire tout votre possible pour vous placer dans les meilleures positions offensives et défensives. Et même si vous avez « tout bien fait », il existe encore de bonnes chances que vous mouriez. De grandes chances. Même les meilleurs joueurs ont tendance à perdre plus souvent qu'ils ne gagnent. Fortnite est un jeu qui mise presque autant sur la créativité et la chance que sur l'habileté, alors ne soyez pas trop déçu.e si vous perdez souvent. Réconfortez-vous en vous disant qu'une autre Partie vous attend et que la prochaine fois, ce sera peut-être la bonne. Même si ce n'est pas le cas, vous aurez toujours eu du plaisir à essayer.

Une particularité intéressante de Fortnite est qu'après avoir été éliminé.e d'une Partie, le jeu vous montre le point de vue de la personne qui vous a tué.e, comme si vous étiez celle-ci. Et si cette personne est éliminée, le point de vue devient celui du second tueur ou de la seconde tueuse. Bien que vous puissiez être tenté.e de quitter le jeu, de retourner dans le Salon puis d'essayer à nouveau, vous tirerez un bénéfice certain à rester un peu dans le coin et regarder comment les autres jouent. Vous pouvez non seulement apprendre de nouvelles stratégies et techniques, mais également connaître davantage la géographie de l'île et y gagner en points de repère. Car nous sommes d'accord qu'il est plutôt difficile de prêter attention à son environnement quand on combat d'autres joueurs tout en gardant un œil sur le cercle de la tempête.

Jouer avec les autres

Même si vous pouvez y arriver seul.e, Fortnite trouve son plein potentiel quand il est joué avec des amis. En faisant équipe, vos chances de gagner augmentent considérablement, en particulier si vous n'êtes pas encore un très bon joueur ou une très bonne joueuse. Que ce soit en mode Duo, Escouade, 50 vs. 50 ou tout autre mode de jeu fondé sur les équipes, avoir une ou plusieurs personnes investies à vos côtés dans la victoire donne un sentiment plutôt agréable.

Fortnite est l'un des rares jeux permettant la multiplateforme entre de nombreux types d'ordinateurs, consoles et appareils mobiles. Indépendamment du fait que le jeu est gratuit, il offre un moyen facile de faire participer vos amis et votre famille, où qu'ils se trouvent.

Communiquer efficacement

Étant donné que la communication avec vos coéquipiers est essentielle, assurez-vous d'avoir un bon casque avec microphone, ou un appareil similaire. Voir le Chapitre 2 pour des suggestions de casques micro.

Vous êtes un peu confus.e dans le feu de l'action ? Ne vous inquiétez pas, vous ne pouvez pas blesser un coéquipier, et *vice versa* (jusqu'à la saison 8). Alors allez-y, tirez !

Vous n'avez pas le temps d'être trop bavard.e, mais il est nécessaire de coordonner les stratégies d'attaque et de défense, de signaler l'emplacement des objets ou de faire d'autres remarques essentielles, pour offrir à votre équipe les meilleures chances de victoire. Alors parlez ! Gardez les échanges moins importants pour après la Partie.

Si vous avez la chance d'avoir un groupe régulier de gamers avec qui jouer, une bonne communication entre les membres vous apportera un avantage certain : celui de construire de grands abris ou des forteresses défensives. En coordonnant vos actions pour collecter le matériel nécessaire, puis construire un abri ou une forteresse, vous aurez la possibilité de concevoir des structures défensives bien plus élaborées et solides que n'importe quel Solo.

Guérir les blessures et partager les fournitures

Outre la coordination des stratégies, vous et vos coéquipiers devrez être présents les uns pour les autres en cas de besoin. Par exemple, si vous ou l'un de vos coéquipiers êtes gravement blessé, tant que la barre de Santé n'atteint pas zéro, il existe une chance de vous ou de le ranimer. Assurez-vous simplement d'agir rapidement avant qu'un ennemi ou que la barre de Santé ne termine le travail !

De même, les armes, les munitions et d'autres objets de l'inventaire peuvent être partagés en fonction des besoins. Veillez donc à répartir les richesses. Quand tous les membres de votre équipe sont en bonne santé et riches, vos chances de gagner ensemble augmentent. Alors soyez généreux.se !

Chapitre 4

Analyse de la map

DANS CE CHAPITRE :

- **Comprendre les coordonnées de la carte.**
- **Sélectionner le bon lieu de départ.**
- **Découvrir les points d'intérêt.**

L'île est l'endroit où la *Battle Royale* se joue. Vous pourriez objecter sur l'intérêt qu'il y a, à être coincé.e sur une île unique durant tant de saisons et que l'on finit par connaître par cœur. Là est tout l'intérêt : ce n'est pas une simple grande île immuable. Elle subit des changements, parfois considérables, à chaque saison. Ce chapitre décrit la configuration de la map, ainsi que certains points phares. Si la présentation de la map est celle des saisons 8 à 10, les techniques de base passées en revue pour analyser l'île sont applicables aux saisons suivantes.

Nous avons volontairement gardé les cartes des saisons antérieures à la saison 1 du chapitre 2 car, au moment de la traduction de ce livre, elles étaient vides...

Comprendre les coordonnées de la carte

Le système de coordonnées cartographiques de Fortnite ressemble un peu à la notation algébrique d'un échiquier. Cette dernière identifie chaque carré d'un échiquier avec une paire de coordonnées unique comprenant une lettre du haut/bas du plateau et un chiffre de la gauche/droite du même plateau. Contrairement à un échiquier – composé de 8 lignes de 8 colonnes totalisant 64 cases –, la map de Fortnite est divisée en 10 lignes de 10 cases pour un total de 100 cases. Si toutes les cases d'un échiquier peuvent être jouées, certaines cases d'une map fortnite n'ont que peu ou pas de terres utilisables.

L'autre différence majeure entre la notation des échecs et celle de la map Fortnite est que l'échiquier comprend les numéros 1 à 8, du bas vers le haut à gauche/droite, et que la map de Fortnite affiche les numéros 1 à 10, du haut vers le bas. Ce qui veut dire que l'équivalent de A8 sur l'échiquier, qui est le coin en haut le plus à gauche, se transforme en A1 sur la map, comme le montre la Figure 4.1.

FIGURE 4.1 Système de coordonnées de Fortnite, où A1 est le coin tout en haut le plus à gauche.

Comme vous le voyez sur la Figure 4.1, le Bus de Combat s'arrêtera à I9, juste après Paradise Palms à I8. Notez que les emplacements A1, E1, F1, G1, H1, I1, J1, A2, J2, A9, J9, A10, B10, C10, D10, E10, H10, I10 et J10 sont principalement constitués d'eau.

Sélectionner le bon lieu de départ

Votre choix de lieu de départ dépend de la manière dont vous souhaitez aborder une Partie en particulier. Atterrir dans une zone surpeuplée comme une ville multipliera vos chances de collecter le plus de loot – et un bien meilleur – mais il augmentera également les probabilités de devoir vous battre très tôt.

Atterrir dans une région éloignée et moins peuplée, comme une forêt, vous permettra de collecter du loot plus tranquillement, mais celui-ci risque d'être moins intéressant. De plus, il y a de fortes chances que vous soyez plus proche du cercle de la tempête, ce qui signifie que vous devrez arpenter davantage de terrain pour éviter de subir des dommages non liés au combat.

Si vous êtes aventurier.ère, atterrir dans une zone bondée est votre meilleur pari, car il présente le plus grand avantage, malgré le risque élevé. Si vous êtes du genre prudent.e, atterrir dans une région éloignée rapporte moins mais présente moins de risques. Les principaux points d'intérêt, leur description et les risques relatifs sont examinés dans la section suivante.

Découvrir les points d'intérêt

Pour ce qui concerne les saisons 8 à 10, vous trouverez une vingtaine de points d'intérêt nommés sur la map. Vous aurez l'occasion de découvrir par vous-même une douzaine d'autres endroits sans nom, tels que le stade, la piste de course, l'aire de camping-car et le volcan. À chaque saison, la map affiche ses propres emplacements, qui diffèrent de l'une à l'autre : de nombreux lieux sont déplacés, certains restent inchangés.

Points d'intérêt du nord-ouest

Il existe sept lieux principaux dans la partie nord-ouest de la map des saisons 8 à 10, illustrés à la Figure 4.2.

FIGURE 4.2 Les points d'intérêt du nord-ouest.

Les sept destinations principales sont les suivantes :

- **Junk Junction :** Emplacement B2. Un chantier de démolition avec beaucoup de ferraille et de munitions, mais pauvre en loot. Cette zone est généralement peu peuplée.
- **Le Bloc :** Emplacement D2. C'est ici que les créations des utilisateurs du mode *Créatif* sont présentées. Notez que dans la Figure 4.2, *Block* est remplacé par *Block de Gingerjay91*.
- **Haunted Hills :** Emplacement B3. C'est un cimetière avec des cryptes et des mausolées. L'endroit est populaire et contient un loot de grande valeur, en particulier à l'intérieur de ses bâtiments.
- **Pleasant Park :** Emplacement C4. Un quartier de banlieue avec un terrain de football. C'est un endroit extrêmement populaire, truffé de loot et de coffres.
- **Loot Lake :** Emplacement E4. C'est un lac avec de petites îles et de grands espaces ouverts. Comme son nom l'indique, il

recèle de nombreux coffres et un loot intéressant. Il est donc très fréquenté.

- **Snobby Shores :** Emplacement A5. Un quartier de luxe avec de nombreuses maisons à explorer.
- **Tilted Towers (devenue Neo Tilted puis Tilted Town) :** Emplacement D6. Une ville flanquée de nombreux grands bâtiments et contenant beaucoup de loot. C'est généralement l'endroit le plus populaire pour atterrir pendant une Partie, donc seuls les joueurs expérimentés devraient commencer ici.

Points d'intérêt du nord-est

Il existe cinq à six emplacements principaux dans la partie nord-est de la map des saisons 8 à 10, illustrés à la Figure 4.3.

Les principaux sites sont les suivants :

- **Lazy Lagoon :** Emplacement F3. Un bateau pirate, un petit port, de nombreux bâtiments. La destination est populaire, regorgeant de loot et d'armes. Faites simplement attention à ne pas tomber dans l'eau !
- **Sunny Steps :** Emplacement I3. Une ville de style aztèque avec de grandes pyramides et de nombreux bâtiments à explorer. Ici vous trouverez de nombreux coffres et du loot à foison.
- **Pressure Plant** : Emplacement H3. Usine construite au-dessus du volcan après son éruption dans la saison 9.
- **Dusty Divot ou Dusty Depot :** Emplacement F5. C'est le lieu d'un impact de météore. Il dispose d'un restaurant ainsi que d'autres installations. La zone n'est pas beaucoup fréquentée.
- **Retail Row ou Mega Mall :** Emplacement H6. De nombreux magasins, un parking tentaculaire et un petit quartier à explorer. C'est un bon endroit pour les joueurs débutants.
- **Lonely Lodge :** Emplacement I5. C'est une zone boisée. Elle comprend un châlet et une tour de guet. On y trouve un loot correct et il y a peu de circulation ici.

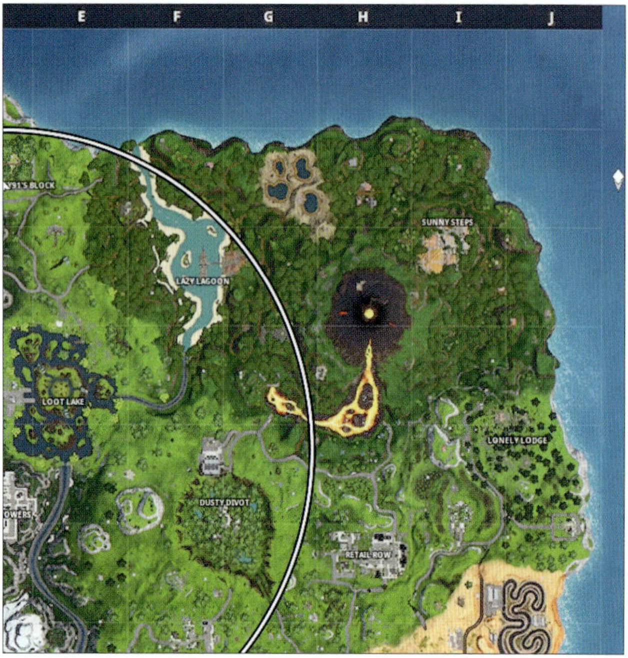

FIGURE 4.3 Les points d'intérêt du nord-est.

Points d'intérêt du sud-ouest

La partie sud-ouest de la map présente quatre emplacements principaux, comme illustré à la Figure 4.4.

Les quatre principaux sites sont les suivants :

- **Frosty Flights :** Emplacement A8. C'est une grande base militaire. Les conditions de combat sont difficiles ici, en raison des bâtiments entre lesquels on navigue (attention aux snipers !) et de la popularité du lieu.
- **Polar Peak :** Emplacement C8. Un iceberg au sommet duquel est érigée une grande forteresse. Des tyroliennes permettent d'en monter et descendre.

FIGURE 4.4 Les points d'intérêt du sud-ouest.

- **Shifty Shafts :** Emplacement D7. C'est un complexe souterrain. Connu pour contenir du loot à profusion et être le théâtre de combats rapprochés.
- **Happy Hamlet :** Emplacement D9. Une petite ville. Elle regorge d'endroits où vous pouvez vous faire tirer dessus. Si vous n'êtes pas expérimenté.e, passez votre chemin !

Points d'intérêt du sud-est

Il existe quatre emplacements principaux dans la partie sud-est de la map des saisons 8 à 10, comme illustré à la Figure 4.5.

Les quatre principaux sites sont les suivants :

- **Salty Springs :** Emplacement F7. Un quartier résidentiel. Vous y trouverez une quantité correcte de loot et un faible trafic.

- **Fatal Fields :** Emplacement F8. Un complexe agricole. Attention, vous êtes ici à découvert, susceptible d'être la cible de tirs longue portée.
- **Paradise Palms :** Lieu I8. Une petite ville du désert avec un hôtel et des magasins. Fouillez l'hôtel, c'est là que se trouve le loot, mais sinon c'est une grande zone plutôt stérile.
- **Lucky Landing :** Emplacement F10. Une ville au thème asiatique. Bien que l'endroit soit charmant, il est l'un des premiers endroits à évacuer quand la tempête progresse.

FIGURE 4.5 Les points d'intérêt du sud-est.

Chapitre 5

Maîtrisez vos armes, objets, soins et défenses

DANS CE CHAPITRE :

» **Découvrir la puissance de feu, la rareté et les caractéristiques des armes.**

» **Apprendre à viser avec des armes à feu, des projectiles et des explosifs.**

» **Gérer sa Santé et améliorer ses défenses.**

Comme le dit le vieil adage, la meilleure défense est une bonne attaque. Vous aurez beau vous protéger le plus possible, tôt ou tard, vous devrez vous battre contre vos adversaires. Ce principe offensif stratégique de la guerre devrait être votre mantra lors des compétitions dans les différents modes de *Battle Royale*.

Ce chapitre vous présente les armes et leurs caractéristiques, ainsi que quelques-uns des objets connexes intéressants trouvés dans le jeu, tels que des pièges et des explosifs. Certains auront peut-être disparu au fil des saisons, mais ils pourraient très bien revenir par la suite. Vous apprendrez également à gérer votre Santé et les diverses défenses associées.

Zoom sur la puissance de feu et la rareté des armes

Des armes de tous types sont collectables dans les coffres et distributeurs automatiques, dans les caisses de ravitaillement ou simplement sous forme de loot, y compris celles laissées par des adversaires tombés au combat.

Les caisses de ravitaillement fournissent généralement les meilleures armes. Les ballons auxquels sont arrimées ces caisses commencent à descendre environ trois minutes après le début d'une Partie de *Battle Royale*.

Fortnite change ses armes à chaque saison. Le jeu accorde une grande importance à instaurer autant que possible de la nouveauté en la matière. Ainsi, certaines armes, comme d'autres objets in game, sont retirées d'une saison à l'autre et conservées pour une réédition ultérieure. Néanmoins, certaines caractéristiques restent constantes, peu importe quand ou comment les armes spécifiques sont présentées : les munitions et la rareté.

Il existe cinq types de munitions consommables, des moins au plus dommageables : balles légères, balles moyennes, balles lourdes, obus et roquettes. Chaque arme nécessite un type de munitions spécifique. Par exemple, des balles légères pour les armes de poing, des balles moyennes pour les fusils d'assaut, des balles lourdes pour les fusils de sniper, des plombs pour les fusils de chasse et des roquettes pour les lance-roquettes. Les munitions destinées à un type d'arme ne fonctionnent pas avec un type d'arme différent. Mais vous pouvez transporter des munitions illimitées !

Il existe en fait un sixième type de munitions : les flèches. Malheureusement, les arbalètes qui les utilisaient ont été remisées, bien que vous puissiez toujours utiliser l'arme et les munitions en mode *Créatif*.

La rareté d'une arme s'évalue par sa couleur, ses étoiles et sa classe. Si les gamers désignent le plus couramment celles-ci par leur classe (commune, épique, *etc.*), la couleur de l'arme apparaît à la fois quand elle est au sol (en surbrillance) et quand elle se trouve dans votre inventaire (en fond d'image), comme dans la Figure 5.1.

Le Tableau 5.1 vous renseigne sur la couleur et la classe des armes, allant du gris (commun), comme le pistolet, à l'orange (légendaire), comme le canon à main. Il existe une sixième couleur peu utilisée, or (mythique), qui a été appliquée pour la première fois et pour de brèves apparitions à la Lame de l'infini et au Gant de l'infini. Ce dernier étant un clin d'œil au film de 2018 de Marvel, *Avengers: Infinity War*, où le porteur des pierres devient le méchant du film : Thanos.

FIGURE 5.1
Le deuxième objet de l'inventaire a un fond orange, indiquant qu'il s'agit d'une arme légendaire.

Le lien avec *Avengers: Infinity War* n'était qu'un avant-goût de ce qu'Epic Games lâcherait finalement pour la huitième saison de Fortnite. Pour le film de 2019, *Avengers: Endgame*, Epic Games et Marvel ont déclenché un important événement de crossover, avec l'ajout d'un mode spécial à durée limitée, de nouveaux skins et d'autres suppléments thématiques, qui ont joué un rôle de premier plan dans le jeu lors de la sortie théâtrale du blockbuster. Marvel a rendu la pareille en mettant en vedette Fortnite dans le film ! Attendez-vous à d'autres crossovers de blockbusters dans le futur !

TABLEAU 5.1 **Désignation de l'arme par la couleur, la classe et les étoiles**

Couleur	Classe	Étoiles	Description
Gris	Commune	1	La moins puissante et la plus courante
Vert	Atypique	2	Peu puissante et relativement facile à trouver
Bleu	Rare	3	Puissante et difficile à trouver
Violet	Epique	4	Très puissante et vraiment difficile à trouver
Orange	Légendaire	5	La plus puissante et la plus difficile à trouver
Or	Mythique	Icône spéciale	Rarement présentée, possède des pouvoirs spéciaux

En règle générale, plus une arme est rare, meilleures sont ses statistiques. Ne négligez pas cependant les autres types d'armes, moins puissantes mais qui sont autant d'options à disposition face aux diverses conditions de combat et situations. Allons à la section suivante pour découvrir celles-ci.

Les caractéristiques des armes

Comme pour la plupart des jeux, le brainstorming autour des armes a été intense chez les développeurs de Fortnite. Pour un jeu ayant autant d'éléments fantastiques, la plupart des armes réagissent plutôt comme celles de la vie réelle, accompagnées de statistiques individuelles. Vous en avez un exemple à la Figure 5.2, qui présente un lance-grenades légendaire.

Consultez les statistiques des derniers armes et consommables en passant en mode *Créatif* et en ouvrant l'inventaire. Ce mode présente même certains objets de *Battle Royale* qui ont été mis de côté !

FIGURE 5.2 Statistiques in game d'un lance-grenades légendaire.

Les armes sont classées selon les caractéristiques principales suivantes :

- **Rareté :** De la commune à la légendaire, voire à la mythique, par ordre de puissance croissante. Indiquée par couleur, classe et nombre d'étoiles. Se référer au Tableau 5.1 pour les détails.

- **Type de balle :** Le type de munitions utilisées par une arme rechargeable est indiqué par une icône. Les choix sont les suivants : balles légères, moyennes, grosses, obus et roquettes.
- **DPS (dégâts par coup) :** Certaines armes rares ont un DPS plus faible que les armes plus courantes, du fait d'une cadence de tir plus lente.

Le calcul effectif in game de DPS est le suivant : le taux de dégâts multiplié par les dégâts occasionnés. Par exemple, une valeur de dégâts de 27,0 multipliée par une cadence de tir de 3,5 donne un DPS de 94,5.

- **Dégâts :** Ce sont les dommages effectifs sur la Santé d'un personnage qui a reçu un coup au corps. En fonction de l'arme, un tir à la tête peut avoir le même effet, doubler ou plus que doubler les dégâts indiqués. Lorsque vous tirez sur des structures, la plupart des armes causent au moins les mêmes dégâts, souvent bien plus.

  Pour un headshot efficace – ou un tir plus précis en général –, utilisez une lunette de visée si l'arme en est équipée. Si la portée de votre arme est insuffisante, passez à une arme longue portée qui, comme son nom l'indique, vous permettra d'atteindre votre cible à une plus grande distance.
- **Cadence de feu :** Nombre de tirs à la seconde.

  Peut-être pensez-vous que tirer en continu le nombre maximal de coups par seconde permis par votre arme est une bonne tactique. Ce n'est pas toujours le cas. Comme dans la vie réelle, plus vous maintenez le bouton de tir enfoncé, plus le bloom, ou la dispersion, sera important, ce qui rendra votre arme plus difficile à contrôler et diminuera votre précision.
- **Taille du magasin/chargeur :** La quantité de munitions dans le chargeur ou le magasin. Plus vous tirez en rafales avec une arme, plus vite vous épuisez le magasin ou le chargeur.
- **Temps de rechargement :** C'est le temps que prend une arme, en secondes, pour disposer d'un nouveau chargeur ou magasin.

  Si vous utilisez une arme dont le temps de rechargement est lent et que, dans l'intervalle de temps, vous soyez dans l'impossibilité de vous cacher ou de vous mettre à l'abri, changez d'arme afin de continuer à tirer sans attendre. Cette action plus rapide pourrait faire toute la différence dans un combat difficile !

TABLEAU 5.2 **Exemples d'armes à courte portée et leurs statistiques. Les diverses caractéristiques chiffrées peuvent changer selon la saison**

Arme	Rareté	Type de munitions	DPS	Dégâts	Cadence de feu	Taille du chargeur (quantité de munitions)	Temps de rechargement
Pistolet	Gris – Commune – 1 étoile	Balles légères	155,2	23	6,75	16	1,5
Revolver	Vert – Atypique – 2 étoiles	Balles moyennes	51,3	57,0	0,9	6	2,3
Fusil à pompe	Bleu – Rare – 3 étoiles	Plombs	70,0	100,0	0,7	5	4,6
Pistolet silencieux	Violet – Épique – 4 étoiles	Balles légères	189,0	28	6,75	16	1,3
Fusil à pompe double	Orange – Légendaire – 5 étoiles	Plombs	228,0	120,0	1,9	2	2,7

Les armes à courte portée

Les armes à courte portée, telles que les pistolets-mitrailleurs et les fusils à pompe, comme dans la Figure 5.3, sont idéales pour le combat rapproché, en intérieur et entre des bâtiments ou autres obstacles. Ces armes sont inefficaces à mi-distance ou plus, l'équivalent dans le monde réel d'environ 3 mètres.

Les armes étiquetées silencieuses voient leur son étouffé lors d'un tir, ce qui complique la tâche des autres joueurs.

Les fusils à pompe sont des armes de combat rapproché très prisées, car ils ont beaucoup de puissance et une cadence de tir honnête. L'inconvénient majeur est qu'ils ont peu de munitions et prennent du temps à recharger.

FIGURE 5.3
Un fusll
à pompe.

Les armes à moyenne portée

Les armes à moyenne portée, telles que les mitrailleuses légères et les fusils d'assaut (tel qu'illustré à la Figure 5.4), sont idéales dans la plupart des situations de combat standard, où leur polyvalence et une cadence de tir élevée font toute la différence entre la vie et la mort. Utiliser ces armes pour des courtes ou longues distances réduit leur précision. Le Tableau 5.3 fournit des exemples d'armes de moyenne portée et leurs statistiques.

FIGURE 5.4
La SCAR.

Certaines armes, comme le minigun, surchauffent après un certain nombre de coups consécutifs. Ainsi, ce qui semble être l'arme parfaite – ses munitions en quantité illimitée sont plutôt tentantes – ne l'est pas forcément. N'oubliez pas qu'il existe des avantages et des inconvénients pour chaque arme !

TABLEAU 5.3 **Exemples d'armes à moyenne portée et leurs statistiques. Les diverses caractéristiques chiffrées peuvent changer selon la saison**

Arme	Rareté	Type de munitions	DPS	Dégâts	Cadence de feu	Taille du chargeur (quantité de munitions)	Temps de rechargement
Fusil d'assaut lourd	Gris – Commune – 1 étoile	Balles moyennes	135,0	36,0	3,75	25	3,1
Fusil de chasse	Vert – Atypique – 2 étoiles	Balles lourdes	68,8	86,0	0,8	1	1,9
Fusil d'infanterie	Bleu – Rare – 3 étoiles	Balles moyennes	168,0	42,0	4,0	8	2,3
Fusil d'assaut silencieux	Violet – Épique – 4 étoiles	Balles moyennes	176	32,0	5,5	30	2,2
Minigun	Orange – Légendaire – 5 étoiles	Balles légères	228,0	19,0	12	Illimitée	4,5

Les armes à longue portée

Les armes à longue portée – telles que le fusil de sniper illustré à la Figure 5.5 – sont idéales dans les grands espaces, où vous pouvez faire mouche de loin avec un tir précis. Les armes à longue portée peuvent être utilisées en courte portée, mais elles sont plus efficaces à moyenne ou longue portée, en particulier parce qu'elles sont lentes à recharger. Le Tableau 5.4 fournit des exemples d'armes à longue portée et leurs statistiques.

Du fait de leur puissance relative, il n'existe pas d'armes communes à longue portée. Vous devrez donc redoubler de vigilance pour en trouver une !

FIGURE 5.5 Un fusil de sniper lourd.

TABLEAU 5.4 Exemples d'armes à longue portée et leurs statistiques. Les diverses caractéristiques chiffrées peuvent changer selon la saison

Arme	Rareté	Type de munitions	DPS	Dégâts	Cadence de feu	Taille du chargeur (quantité de munitions)	Temps de rechargement
Fusil de sniper semi-automatique	Vert – Atypique – 2 étoiles	Balles lourdes	90,0	75,0	1,2	10	2,5
Fusil de sniper à verrou	Bleu – Rare – 3 étoiles	Balles lourdes	34,7	105,0	0,33	1	3,0
Fusil de sniper silencieux	Violet – Épique – 4 étoiles	Balles lourdes	33,0	100,0	0,33	1	2,8
Fusil de sniper lourd	Orange – Légendaire – 5 étoiles	Balles lourdes	51,8	157,0	0,33	1	4,1

Autres armes

Peut-être voudrez-vous miser sur les armes à feu au départ, mais sachez qu'il existe d'autres types d'armes tout aussi efficaces (voir la Figure 5.6). Lance-roquettes, lance-grenades et grenades en sont quelques exemples. Nous aborderons celles-ci plus loin dans ce chapitre, à la section « Apprendre à viser avec des projectiles et des explosifs ». Le Tableau 5.5 fournit des exemples de ces types d'armes et leurs statistiques.

FIGURE 5.6 Un lance-roquettes.

Nombre de ces autres armes occasionnent des dégâts explosifs et endommagent tout ce qui se trouve dans leur rayon de souffle, y compris vous. Faites bien attention !

TABLEAU 5.5 **Exemples d'autres armes et leurs statistiques. Les diverses caractéristiques chiffrées peuvent changer selon la saison**

Arme	Rareté	Type de munitions	DPS	Dégâts	Cadence de feu	Taille du chargeur (quantité de munitions)	Temps de rechargement
Lance-grenades	Bleu – Rare – 3 étoiles	Roquettes	100,0	100,0	1,0	6	3,0
Lance-roquettes	Violet – Épique – 4 étoiles	Roquettes	87,0	116,0	0,75	1	3,4
Arc explosif	Orange – Légendaire – 5 étoiles	Plombs	115,0	115,0	1,0	1	1,3

Apprendre à viser avec des armes à feu

Si votre plan est de tirer sans discernement sur tout ce qui bouge, vous aurez probablement peu de succès. Les principes à suivre énumérés ici devraient vous aider à augmenter vos taux de réussite et de destruction :

- **Visez la tête :** Quelle que soit l'arme que vous utilisez, une balle dans la tête causera presque toujours plus de dégâts qu'une balle dans le corps. Toucher le corps est bien sûr plus facile, vous devez donc peser les chances de succès d'un headshot avant de tirer sur la gâchette.
- **Plus près :** Excepté si vous utilisez une arme à longue portée, comme un fusil de sniper ou un explosif, plus vous êtes proche de votre cible lorsque vous ouvrez le feu, mieux c'est. Non seulement vous augmentez votre précision, mais vous causez également plus de dégâts.
- **Défendez votre territoire :** Bien que parfois vous ne puissiez faire autrement que de rester en mouvement, vous immobiliser avant de tirer augmentera votre précision de tir. Si vous vous accroupissez et restez immobile, votre précision augmentera encore.
- **Visez :** Appuyez sur le bouton Visée pour viser votre cible avant de tirer.

Certes, le principe le plus efficace de cette liste est de viser, mais il est un facteur qu'il est important de connaître pour réussir son tir : les balles frappent n'importe où à l'intérieur du réticule de visée (le spread) ; donc plus le réticule est petit, plus vos balles sont précises.

La Figure 5.7 montre la taille du réticule de visée quand vous courez. Il est à sa plus grande taille.

La Figure 5.8 montre la taille du réticule de visée lorsque vous vous tenez debout, immobile. Notez qu'il est beaucoup plus petit que pendant la course.

La Figure 5.9 montre la taille du réticule de visée quand vous êtes accroupi.e et en mouvement. Il est plus petit que lorsque vous restez immobile.

La Figure 5.10 montre la taille du réticule de visée quand vous êtes accroupi.e et immobile. Il est à sa plus petite taille.

FIGURE 5.7 Le réticule de visée est large durant la course.

FIGURE 5.8 Le réticule de visée est de taille moyenne lorsque l'on est immobile.

FIGURE 5.9 Le réticule de visée est plus petit lorsque l'on est accroupi.e et en mouvement.

FIGURE 5.10 Le réticule de visée est à sa plus petite taille lorsque l'on est accroupi.e et immobile.

Vous l'avez compris, il est rarement judicieux de maintenir le bouton de tir enfoncé et de tirer en permanence avec votre arme. La Figure 5.11 montre la taille du réticule quand vous vous tenez debout et tirez un seul coup.

FIGURE 5.11 En tirant un seul coup, le réticule de ciblage reste plus petit.

La Figure 5.12 montre que ce même réticule augmente en taille à mesure que le bloom, ou la dispersion des balles tirées, augmente. Palliez ce problème de dispersion en tirant des rafales plus courtes.

FIGURE 5.12 Tirer en rafales continues augmente la taille du réticule de visée et disperse vos coups sur une plage plus large, ce qui diminue encore la précision.

Indépendamment de la posture ou du mouvement, si vous voulez vraiment obtenir le tir le plus précis, appuyez sur le bouton Visée. La Figure 5.13 montre la petite taille du réticule de visée quand vous vous tenez debout et que vous appuyez sur ce bouton.

FIGURE 5.13 Le fait de rester debout et d'appuyer sur le bouton Visée permet d'avoir le réticule de visée le plus petit possible.

La Figure 5.14 montre ce qui se passe quand on bouge tout en visant. Le réticule de visée est encore assez petit, mais devient plus foncé, indiquant un peu moins de précision.

Enfin, lorsque vous visez pour tirer, comme illustré à la Figure 5.15, méfiez-vous d'un phénomène appelé *ballistique*. De même que dans le monde réel, quand une balle parcourt de longues distances – 100 mètres et plus –, elle réalise une courbe descendante sous l'effet de la gravitation. Il n'y a aucun moyen d'éviter que la balle chute, mais en règle générale, plus l'arme est lourde – comme le fusil de sniper lourd –, moins elle est sensible à ce phénomène et moins vous aurez à ajuster votre tir.

FIGURE 5.14 En bougeant et en appuyant sur le bouton Visée, vous obtenez un réticule de visée encore petit, mais plus susceptible de bloomer.

FIGURE 5.15 Si vous avez un fusil de sniper et visez, le très lointain devient soudainement très proche.

Apprendre à viser avec des projectiles et des explosifs

Les lance-roquettes et les lance-grenades sont des armes puissantes. Ils peuvent non seulement démolir des structures, mais également décimer toute personne assez malchanceuse pour se trouver à l'intérieur ou à proximité.

Les lance-roquettes classiques, comme celui de la Figure 5.16, fonctionnent comme un canon classique. Vous visez, vous tirez.

Il vous faut garder une certaine distance pour qu'un projectile soit efficace. Essayez de ne pas tirer droit sur l'ennemi qui regarde. Il verra probablement le missile arriver et cherchera à l'éviter, en construisant un mur ou en déposant une rampe de lancement. Essayez de surprendre votre cible par-derrière.

FIGURE 5.16 Viser avec un lance-roquettes.

Si vous avez la chance de trouver un lance-missile guidé, visez de la même manière qu'avec les autres armes. La différence est qu'après avoir appuyé sur la gâchette, vous avez la possibilité de contrôler le missile dans les airs à l'aide de vos commandes de mouvement habituelles.

Avec un lance-grenades, le système de ciblage comprend deux lignes sous le cercle de visée, comme illustré à la Figure 5.17. Ces deux lignes indiquent que le projectile tombera selon un arc descendant. D'autres armes à projectiles, comme le quadrilanceur, utilisent le même système de ciblage.

Les objets de jet, comme les grenades, ont le même système de ciblage, mais l'arc qu'ils parcourront apparaît sous la forme d'une ligne bleue, comme illustré à la Figure 5.18. La différence évidente entre un projectile lancé avec une arme et celui que vous balancez directement est que l'objet balancé parcourt une distance plus courte.

FIGURE 5.17 Viser avec un lance-grenades.

FIGURE 5.18 Viser avec une grenade.

Le dernier facteur à garder à l'esprit lorsque vous tirez ou lancez une grenade est le rebond. Comme vous pouvez le voir à la Figure 5.19, une grenade rebondit une ou plusieurs fois après avoir heurté un objet solide.

Il vous faudra apprendre à quel moment une grenade explose, comme illustré à la Figure 5.20, pour l'utiliser plus efficacement.

FIGURE 5.19 Une grenade rebondit sur les objets solides.

FIGURE 5.20 Repérez à quel moment une grenade explose après avoir rebondi sur les objets solides.

Voici quelques types de grenades spéciales que vous pouvez rencontrer dans le jeu, et leurs caractéristiques :

- **Bombe boogie-woogie :** N'occasionne aucun dégât lors de l'explosion, mais force un adversaire (ou vous, comme dans la Figure 5.21) à danser, impuissant, pendant cinq secondes. Vous pouvez empiler jusqu'à 10 Bombes boogie-woogie dans un slot d'inventaire.
- **Grenade collante :** Elle fonctionne comme une grenade ordinaire, mais reste collée à ce qu'elle frappe en premier au lieu de rebondir. Vous pouvez empiler jusqu'à 6 Grenades collantes dans un slot d'inventaire.
- **Dynamite :** Elle se jette comme une grenade, avec une minuterie de cinq secondes. Vous pouvez conserver jusqu'à 10 Dynamites dans un slot d'inventaire.

- **Grenade à impulsion :** N'occasionne pas de dégâts lors de l'explosion, mais lance un joueur dans la direction opposée à l'impact. Vous pouvez empiler jusqu'à 9 Grenades à impulsion dans un slot d'inventaire.

FIGURE 5.21 Une Bombe boogie-woogie laisse un joueur – vous également, si vous êtes pris.e dans l'explosion – impuissant pendant cinq secondes.

- **Explosif à distance :** Lancez-le – comme une grenade –, puis appuyez sur le détonateur avec votre manette quand vous l'aurez décidé pour le faire exploser. Vous pouvez empiler jusqu'à 6 Explosifs à distance dans un seul slot d'inventaire.
- **Grenade à onde de choc :** C'est une version plus puissante de la Grenade à impulsion. Vous pouvez empiler jusqu'à 6 Grenades à onde de choc dans un slot d'inventaire.
- **Bombe puante :** Jetée comme une grenade, son explosion génère un nuage temporaire de fumée jaune toxique, comme le montre la Figure 5.22, qui inflige des dégâts chaque demi-seconde durant laquelle un joueur est pris dedans. Vous pouvez empiler jusqu'à 6 Bombes puantes dans un slot d'inventaire.

FIGURE 5.22 Nuage de Bombe puante.

Gérer sa Santé et améliorer ses défenses

Les consommables qui augmentent ou améliorent votre Santé et votre Bouclier sont parmi les objets les plus sous-estimés par les gamers débutant sur Fortnite. Il est facile de se concentrer sur les meilleures armes et stratégies offensives, mais vous vous ferez malgré tout tirer dessus. De nombreuses fois. C'est votre façon de gérer les attaques dont vous êtes l'objet qui vous permettra de gagner en fin de course contre vos adversaires.

Comment fonctionnent les Soins et les objets boucliers

Votre statistique de Santé est la barre verte ou le mètre qui se situe après l'icône Plus. Elle indique votre nombre de Points de Vie (PV) sur 100. Chaque fois que vous êtes touché.e, la barre verte et le nombre réel diminuent pour indiquer les dégâts subis. Si votre barre est à zéro, vous êtes mort.e.

Votre statistique de Bouclier est la barre qui se trouve après l'icône de bouclier, juste au-dessus de la barre de Santé, comme illustré à la Figure 5.23. Elle indique le nombre de Points de Bouclier (PB) sur 100. Quand votre barre Bouclier est à zéro, vous n'avez plus de protection supplémentaire et vos PV sont alors directement impactés en cas de dégât. Vous débutez chaque Partie de *Battle Royale* sans Bouclier.

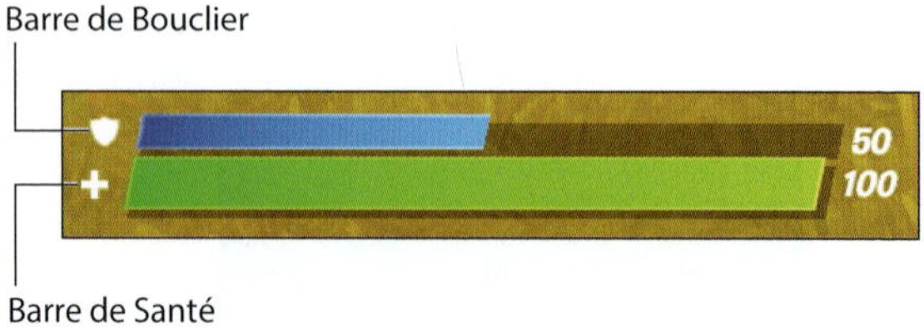

FIGURE 5.23
Les barres verte et bleue Santé et Bouclier sont alignées l'une au-dessus de l'autre. La statistique du Bouclier affichée indique qu'il y a 25 Points de Bouclier sur 100 de disponibles.

Vous avez le choix entre divers objets pour améliorer soit vos statistiques de Santé, soit celles de Bouclier, ou parfois même les deux. Chaque objet occupant un slot d'inventaire, il est préférable d'utiliser ses effets aussi tôt que possible. Les objets de guérison collectés, comme les Pommes et les Noix de coco, ne peuvent pas être stockés dans l'inventaire ; ils doivent être consommés immédiatement.

Vous trouverez ci-dessous des objets importants de Santé et de Bouclier que vous pourriez rencontrer, et leur utilisation :

- **Bandage :** Jusqu'à 15 Bandages peuvent s'entasser dans un seul slot d'inventaire. Chaque Bandage s'applique en quatre secondes et améliore votre santé de 15 PV, pour atteindre un maximum de 75 PV (voir la Figure 5.24).

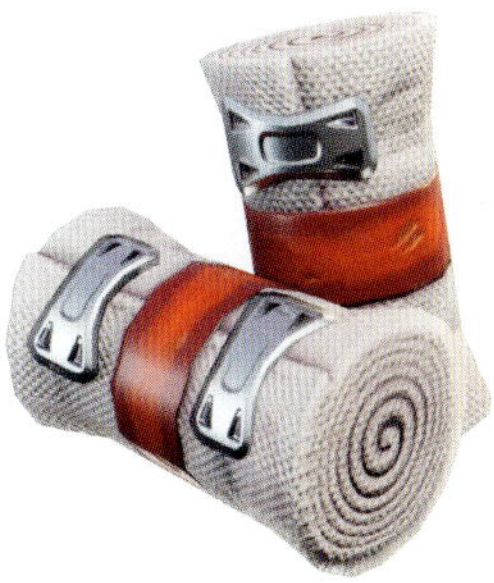

FIGURE 5.24 Bandage.

- **Feu de camp :** Celui-ci est particulièrement adapté pour le jeu en équipe. Bien que techniquement classé comme un piège – qui ne peut être placé que sur un sol que vous avez construit –, il générera pour vous et vos coéquipiers jusqu'à 50 PV, à un rythme de 2 PV par seconde, sur une durée de vingt-cinq secondes.

  Devenez un héros ou une héroïne au prochain niveau avec le Van de rétablissement. Vos camarades tombés au combat laissent des cartes de rétablissement que tout membre de l'équipe survivant peut rapporter à un Van de rétablissement, ce qui renvoie les coéquipiers dans le jeu.

- **Kit de soins, ou Medkit :** Jusqu'à 3 Kits de soins peuvent être stockés dans un seul slot d'inventaire. Chaque Kit s'applique en dix secondes, mais vous ramènera toujours à 100 PV (voir la Figure 5.25).

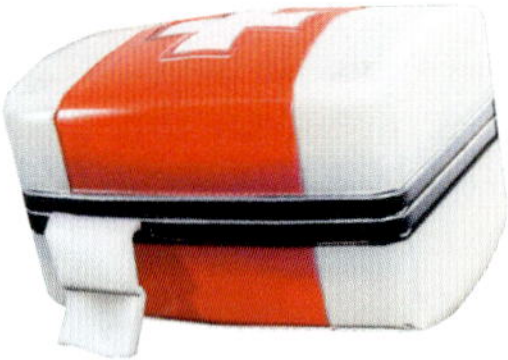

FIGURE 5.25
Kit de soins.

- **Pomme :** Cet objet se trouve généralement sous les arbres et doit être consommé immédiatement. Chaque Pomme se consomme en une seconde et redonne 5 PV.
- **Banane :** Cet objet se cache dans les biomes tropicaux et doit être consommé immédiatement (voir la Figure 5.26). Chaque Banane se consomme en une seconde et redonne 5 PV.

FIGURE 5.26
Banane.

- **Noix de coco :** Cet objet se trouve généralement dans les palmiers et doit être consommé immédiatement. Chaque Noix de coco se consomme en une seconde et redonne 5 PV. Si vos PV sont déjà au maximum, votre Bouclier restaurera 5 PB.
- **Champignon :** Cet objet se trouve sur le sol et doit être consommé immédiatement. Chaque Champignon est consommé en une seconde et redonne 5 PV.
- **Piment :** Cet objet se trouve en général sur le sol et doit être consommé immédiatement. Chaque Piment se consomme en une seconde et redonne 5 PV. Il a un effet secondaire non négligeable : votre vitesse de déplacement augmente de 20 % pendant dix secondes.
- **Petite Potion de bouclier :** Jusqu'à 10 Petites Potions de bouclier peuvent être stockées dans un seul slot d'inventaire. Chaque Petite potion de bouclier (illustrée à la Figure 5.27) se consomme en deux secondes et augmente votre PB de 25 points, jusqu'à un maximum de 50.

FIGURE 5.27 Petite Potion de bouclier.

- **Potion de bouclier :** Jusqu'à 3 Potions de bouclier peuvent s'entasser dans un seul slot d'inventaire. Chaque Potion de bouclier (illustrée à la Figure 5.28) se consomme en cinq secondes et augmente votre PB de 50 points, jusqu'à un maximum de 100.

FIGURE 5.28 Potion de bouclier.

- **Bleuvage :** Jusqu'à 2 Bleuvages peuvent être stockés dans un seul slot d'inventaire. Chaque Bleuvage (illustré à la Figure 5.29) se consomme en deux secondes et restaure jusqu'à 75 PV et 75 PB, à raison de deux par seconde sur sa durée d'effet de 37,5 secondes.

FIGURE 5.29 Bleuvage.

» **Gourde du brave :** Un seul de ces consommables légendaires est stockable dans un même slot d'inventaire. Chaque Gourde (illustrée à la Figure 5.30) se consomme en quinze secondes et restaure jusqu'à 100 PV et 100 PB.

FIGURE 5.30 Gourde du brave.

Comment fonctionnent les objets de camouflage et de défense

Dans Fortnite, la défense a beaucoup à voir avec le fait de rester mobile, garder ses options ouvertes et construire des structures défensives à la volée. Cependant – mais vous commencez à connaître Fortnite –, il existe de nombreuses autres manières intéressantes de devenir un maître défensif.

Tous les personnages de Fortnite sont droitiers. Cela signifie que vous pouvez avoir tendance à négliger l'épaule droite de votre avatar et affectez ainsi la manière dont vous protégez votre corps. Si vous sortez à découvert en regardant vers la gauche plutôt que vers la droite, vous exposez tout votre corps. Gardez à l'esprit ce parti pris de droitier afin de vous exposer le moins possible !

Jetons un coup d'œil à certaines de ces options défensives ingénieuses :

» **Plaque rebondissante :** C'est un piège (illustré à la Figure 5.31), qui se place sur n'importe quelle rampe ou surface plane, et vous propulse, vous ou un adversaire, dans les airs. Elle ne cause aucun dégât de chute. Une fois acquis, ce piège est accessible en mode Construction.

FIGURE 5.31 Piège Plaque rebondissante.

- **Arbuste :** Jusqu'à 2 Arbustes peuvent être stockés dans un slot d'inventaire. Après avoir consommé cet objet et attendu trois secondes, vous vous transformez en buisson, comme illustré à la Figure 5.32. Vos adversaires n'y verront que du feu mais faites attention à ne pas bouger en face d'eux ! Si vous vous faites tirer dessus, vous perdrez votre camouflage.

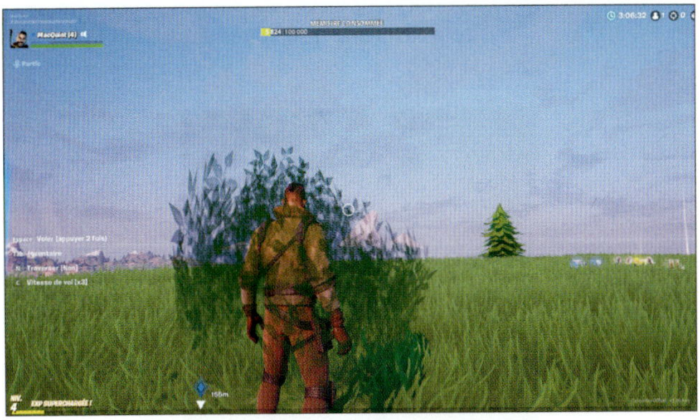

FIGURE 5.32 Camouflage en buisson.

- **Piège à pointes :** Ce piège, illustré à la Figure 5.33, se place sur n'importe quel sol, mur ou plafond lisse. Il s'active quand un joueur passe devant, lui infligeant 150 PV de dégâts. Il faut cinq secondes pour que le piège se réinitialise et il ne peut être retiré que lorsque la surface sur laquelle il a été placé est détruite. Une fois acquis, ce piège est accessible en mode Construction.

FIGURE 5.33 Piège à pointes.

- **Grappin :** Classé comme arme à distance épique (illustré à la Figure 5.34), le Grappin sous ses diverses formes dispose de 10 ou 15 tirs. Il occupe un slot d'inventaire. Utilisez-le pour agripper un objet à proximité et vous catapulter vers celui-ci. Idéal pour les évasions rapides ou pour atteindre des endroits plus élevés ou plus bas. Si vous êtes hors de portée de la cible, une croix rouge apparaît à la place du réticule de la cible.

FIGURE 5.34 Activation du Grappin une fois la cible à portée.

- **Rampe de lancement :** Semblable à la Plaque rebondissante, elle offre plus de dynamisme encore. La Rampe de lancement est un moyen privilégié pour parcourir de longues distances le plus rapidement possible. Une fois acquis, ce piège est accessible en mode Construction.

Fortnite utilise non seulement des repères visuels, mais également des repères sonores pour presque toutes les actions in game. Faites un point pour identifier les divers sons générés par l'ennemi et repérer d'où il opère. Il va de soi que les autres gamers en font autant, alors soyez prudent.e en utilisant les armes, dispositifs ou autres éléments dont les bruits sont reconnaissables.

- **Tourelle déployable :** Placée sur n'importe quelle dalle de sol, la Tourelle déployable, illustrée à la Figure 5.35, dispose de munitions illimitées, mais a tendance à surchauffer. N'importe quel joueur a le droit d'utiliser la Tourelle déployable une fois qu'elle est installée ; placez donc avec prudence une telle arme défensive dotée de capacités offensives aussi impressionnantes. Une fois acquis, ce piège est accessible en mode Construction.

FIGURE 5.35 Tourelle déployable.

- **Fort de poche :** Classé comme grenade, le Fort de poche déploie un fort préfabriqué pour vous protéger des rafales de tir, quand votre arme ne peut plus rien pour vous. Il possède trois étages et est constitué de métal, ce qui permet de gagner du temps de construction. Il est également difficile à détruire. Des pneus à la base de la structure vous permettent d'atterrir depuis le toit sans prendre de point de dégât. Vous pouvez stocker jusqu'à 5 Forts de poche dans un slot d'inventaire.

- **Forteresse de poche :** C'est un Fort de poche surdimensionné. La Forteresse de poche, illustrée à la Figure 5.36, est dotée de Plaques rebondissantes pour des évasions rapides.

FIGURE 5.36 L'intérieur d'une Forteresse de poche.

- **Faille de poche :** Outil ultime en matière d'évasion, la Faille de poche crée une faille qui vous projette dans les airs, vous faisant parcourir une plus grande distance rapidement (voir Figure 5.37). Vous pouvez caser jusqu'à 2 Failles de poche dans un slot d'inventaire.

FIGURE 5.37 Faille de poche.

Chapitre 6

Construire et créer dans Fortnite

DANS CE CHAPITRE :

- **Découvrir les matériaux de construction.**
- **Collecter des matériaux.**
- **Construire des structures simples.**
- **Modifier des structures.**
- **Construire avec un but précis.**
- **Inventer dans le mode *Créatif*.**

Il est bien sûr important de savoir utiliser les différentes armes et les éléments de défense décrits au Chapitre 5, mais la construction est ce qui différencie véritablement ceux qui rivalisent simplement entre eux et ceux qui rivalisent pour gagner. Si vous maîtrisez cette technique créative et amusante, vos chances d'obtenir une *Victory Royale* augmenteront considérablement.

Ce chapitre vous révèle les différents matériaux du jeu, la raison qui amène à construire et modifier des structures, ainsi que la façon d'y parvenir. Enfin, vous en apprendrez un peu plus sur le mode *Créatif*, où vous pourrez travailler votre force créative en toute sécurité.

Inventaire des matériaux de construction

À la base de toute structure, nous avons des matières premières. Dans Fortnite, trois matériaux sont utilisés pour la construction : le bois, la pierre et le métal. Presque tous les objets in game, y compris les bâtiments, les arbres, les véhicules, les rochers et les caisses, peuvent être détruits pour récolter leur matière première.

Avec suffisamment de matériaux, vous êtes libre de construire vos propres structures, de simples murs et rampes à des bâtiments entiers. Chaque matériau a ses propriétés et son propre temps de *spawn* (apparition), c'est-à-dire le temps nécessaire au matériau pour finir de se mettre en place et atteindre sa pleine résistance.

Examinons ces matériaux et certaines de leurs propriétés essentielles :

» **Bois :** La plus fragile des trois matières premières, mais la plus rapide à collecter et avec laquelle construire, ainsi que la plus abondante. Le bois, illustré à la Figure 6.1, a la Santé de départ la plus élevée, 100 PV, mais la Santé maximale la plus basse. Vous pouvez collecter du bois sur les arbres, les meubles, les palettes, les murs, *etc*. Une fois la construction achevée, ce qui nécessite un temps de spawn allant jusqu'à sept secondes, le bois a une valeur de 200 PV.

FIGURE 6.1 Bois.

» **Pierre :** La pierre, illustrée à la Figure 6.2, se situe entre les deux en termes de propriétés. Sa collecte est plus lente que celle du bois, mais elle est plus solide. Elle est plus rapide à collecter que le métal, mais plus fragile. Vous pouvez récolter de la pierre sur les roches, les murs, les toits, les cheminées, *etc*. Une fois la construction achevée, ce qui nécessite un temps de spawn pouvant atteindre quinze secondes, la pierre cumule 300 PV, contre une Santé de départ de 90 PV.

Les pierres sont parfois appelées « briques » par les gamers, car l'icône ressemble à une brique et les pierres sont assemblées comme elles. Mais elle est toujours toujours considérée comme une pierre, in game.

FIGURE 6.2 Pierre.

- **Métal :** Le métal, illustré à la Figure 6.3, est le matériau le plus résistant lorsque la construction est achevée, mais il est fragile au départ, avec seulement 80 PV, en raison du temps de spawn prolongé. Vous pouvez collecter du métal sur les véhicules, les clôtures, les conteneurs d'expédition, les caisses, *etc*. Une fois la construction achevée, qui nécessite jusqu'à trente secondes, le métal a une valeur de 400 PV.

De la même façon que la pierre avec la brique, vous verrez parfois le métal appelé « acier ». Il est toujours toujours étiqueté « métal », in game.

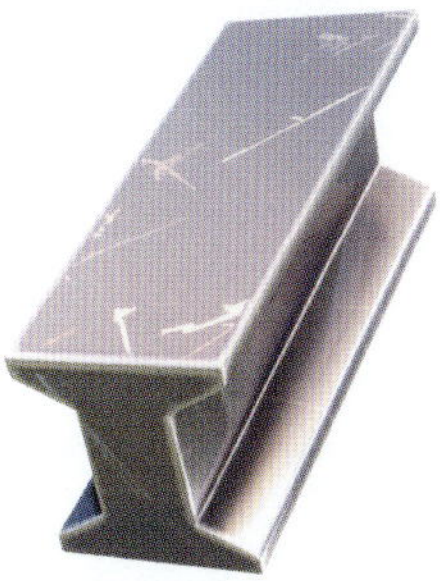

FIGURE 6.3 Métal.

Les Points de Vie varient en fonction du type de structure que vous construisez, mais plus le matériau utilisé est résistant, plus la structure aura de PV. Ne râlez pas si vous constatez que les matériaux robustes demandent davantage de temps de construction, pensez à vos ennemis : ils auront autant de fil à retordre pour détruire vos structures ! Comme pour la plupart des activités dans Fortnite, l'utilisation des matériaux est un exercice qui exige une expérience que seuls les essais et erreurs in game peuvent apporter.

Collecter des matériaux

Vous serez parfois tenté.e de vous servir de vos armes pour détruire les structures que d'autres joueurs occupent ou utilisent pour se protéger. Malgré tout, votre pioche sera toujours le meilleur outil pour collecter des matériaux. Au cours d'une Partie, vous aurez également l'occasion de récupérer des matières premières provenant de coffres et d'ennemis tombés au combat.

Pour collecter un matériau avec votre pioche, procédez comme suit :

1. **Préparez votre pioche et approchez-vous de l'objet ciblé, comme illustré à la Figure 6.4.**

   Le réticule de visée doit être centré sur votre objet.

FIGURE 6.4 Faites face à un arbre pour collecter le matériau Bois.

2. **Frappez plusieurs fois votre objet cible avec la pioche, comme illustré à la Figure 6.5.**

   Au fur et à mesure que vous collectez des matériaux, une notification indiquant la quantité récupérée apparaît à gauche de votre avatar, et le nombre de vos stocks respectifs augmente.

FIGURE 6.5 Frappe d'un objet avec la pioche.

3. **Placez votre réticule sur le cercle de ciblage bleu, comme dans la Figure 6.6, et continuez de frapper votre objet cible.**

FIGURE 6.6 En alignant le réticule avec le cercle bleu de ciblage, la collecte est beaucoup plus efficace.

Viser et frapper le cercle bleu de ciblage – qui apparaît après votre première frappe – accélère la collecte et rend vos frappes plus puissantes, comme le montre la Figure 6.7. Chaque fois que vous atteignez le cercle de ciblage bleu, un son est émis et le cercle se déplace vers un autre emplacement. Continuez de cibler le cercle bleu jusqu'à ce que l'objet cible soit complètement collecté ou que vous disposiez d'une quantité suffisante du matériau souhaité.

FIGURE 6.7 Une frappe parfaite permet de collecter plus de matière.

Frapper avec la pioche sans toucher le cercle de ciblage bleu n'inflige que 50 Points de Dégât à un objet. Frapper le cercle de ciblage bleu avec la pioche inflige 100 Points de Dégât à un objet.

Non seulement les objets plus grands ont plus de PV que les objets plus petits, mais ils fournissent également davantage de matière première. Par exemple, un petit arbre de 200 PV peut fournir 20 Bois, alors qu'un grand arbre de 800 PV peut fournir jusqu'à 210 Bois.

Au fur et à mesure que vous collectez divers objets, notez leur PV total, car ils offrent cette même quantité de protection contre les tirs ennemis, pour le cas où vous devriez vous mettre à l'abri derrière l'un d'eux.

Quand vous avez acquis le nombre souhaité de chaque matériau, comme indiqué dans l'exemple de la Figure 6.8, vous pouvez commencer à construire des structures. Ce processus est expliqué dans la section suivante.

FIGURE 6.8 Exemple d'une bonne quantité de matériaux en stock, à un stade avancé d'une Partie de *Battle Royale*.

Construire des structures simples

Il existe quatre types de bâtiments dans Fortnite : les murs, les sols, les rampes et les pyramides. Chacune de ces quatre structures simples, avec un cinquième slot pour les pièges, est affichée au-dessus de votre inventaire, prête à être utilisée, comme dans la Figure 6.9.

Les rampes sont parfois appelées « escaliers », car l'icône ressemble à des marches assemblées en escalier lorsqu'on utilise un autre matériau que le bois. Il est toujours toujours qualifié de « rampe », in game.

FIGURE 6.9 Les quatre types de structure simple se trouvent au-dessus de votre inventaire. Le cinquième slot est réservé aux pièges.

La façon la plus simple de suivre votre mode d'emploi est de sélectionner le mode *Créatif* et d'accéder à votre île vierge. Vous pourrez construire sans être harcelé.e par d'autres gamers.

Vous pouvez entrer manuellement le mode Construction ou sélectionner l'une des structures simples pour passer automatiquement en mode Construction. La Figure 6.10 montre ce qui se passe lorsque vous sélectionnez une structure, ici un mur.

FIGURE 6.10 Sélectionner un mur.

Une fois la structure sélectionnée, une silhouette bleue de la forme de base se dessinera. Jusqu'à ce que vous sélectionniez Construire, vous pouvez manipuler les propriétés de la structure.

Jetons un coup d'œil aux options d'une structure simple, illustrée à la Figure 6.11, avant de les placer avec l'option Construire :

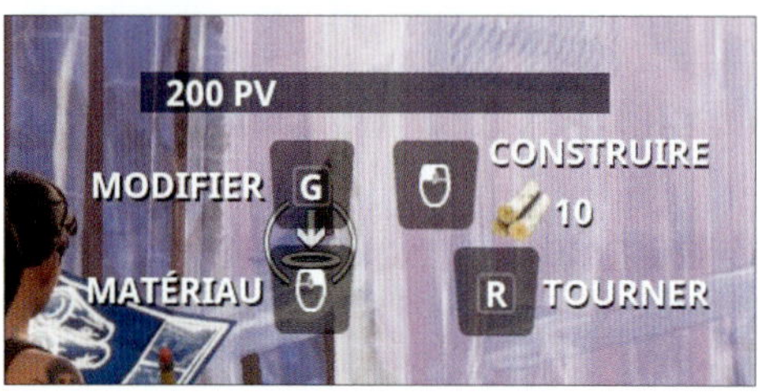

FIGURE 6.11 Les options d'une structure simple.

- **PV :** Le nombre de Points de Santé d'une structure est fonction de son type et de son matériau. Attention, le nombre de PV peut changer avec les saisons. Voici un exemple de répartition de PV :
  - *Mur* : bois = 150 PV, pierre = 300 PV, métal = 500 PV
  - *Sol* : bois = 140 PV, pierre = 280 PV, métal = 460 PV
  - *Rampe* : bois = 140 PV, pierre = 280 PV, métal = 460 PV
  - *Pyramide* (pour les toits) : bois = 140 PV, pierre = 280 PV, métal = 460 PV
- **Modifier :** Vous permet d'activer ou de désactiver des blocs dans la structure, avant ou après avoir érigé celle-ci avec l'option Construire. La fonction Modifier est décrite en détail dans la section suivante.
- **Construire :** Affiche le matériau sélectionné et la quantité requise. Sélectionner Construire place la structure à l'endoit où vous vous trouvez. Si un emplacement est inconstructible, le réticule de placement devient rouge, comme dans la Figure 6.12.

FIGURE 6.12 Si une structure ne peut pas être placée à un endroit particulier, le réticule de placement devient rouge.

- **Matériau :** Permet de basculer entre les matériaux de construction bois, pierre et métal.
- **Pivoter :** Fait pivoter l'objet en place.

Construire lors d'une Partie de *Battle Royale* requiert de la rapidité et de l'efficacité. Pour vous aider à automatiser le processus, vous pouvez activer deux options dans les Options de commande, décrites au Chapitre 2. La première est Construction turbo et la seconde, Changement de matériau automatique, toutes deux illustrées à la Figure 6.13.

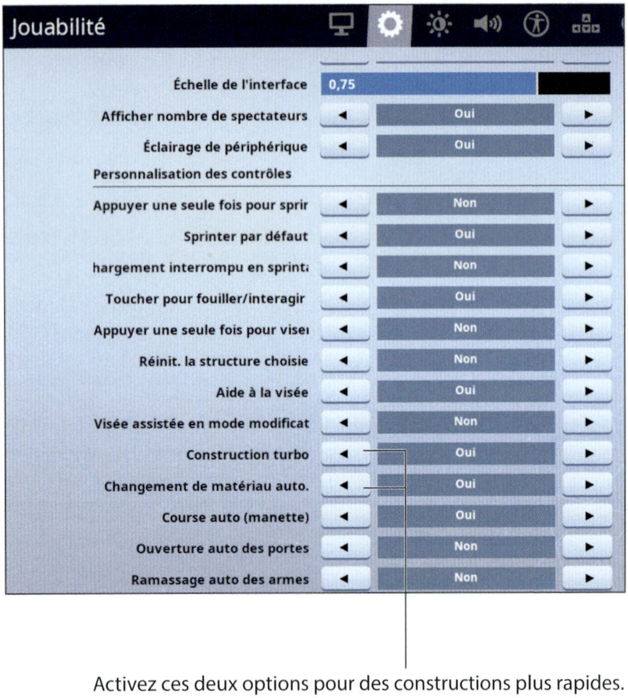

FIGURE 6.13 Construction turbo et Changement de matériau auto. doivent être réglées sur Oui.

Construction turbo vous permet de maintenir le bouton de tir enfoncé pour construire des structures rapidement. Changement de matériau automatique complète Construction turbo en passant automatiquement au matériau suivant et en utilisant celui-ci lorsque vous êtes à court du matériau sélectionné.

Quelle que soit la manière dont vous automatisez vos commandes, le processus de construction de base reste le même et reflète plus ou moins la manière dont les structures sont assemblées dans le monde réel ; mais bien plus rapidement ! Prenons par exemple la construction d'une petite cabane en bois – en nous assurant en premier lieu de disposer de suffisamment de matière première :

1. **Assurez-vous de disposer d'un espace libre pour construire, puis sélectionnez un mur, comme illustré à la Figure 6.14.**

FIGURE 6.14 Il y a suffisamment d'espace libre pour ériger le mur et construire la structure finale.

2. **Cliquez sur Construire pour ériger le mur.**

   Le mur est maintenant en place, comme illustré à la Figure 6.15.

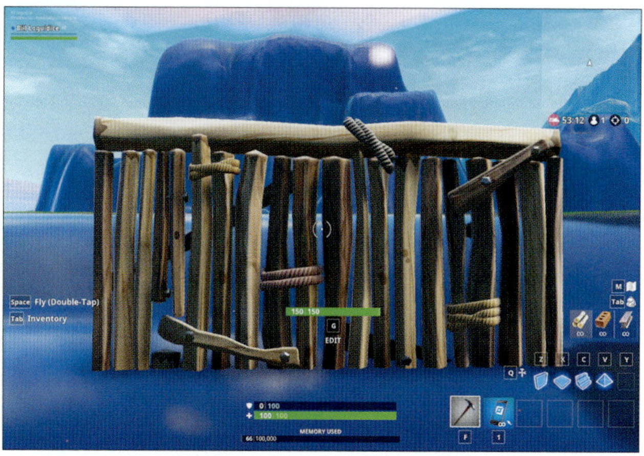

FIGURE 6.15 Le premier mur est construit.

3. **Placez et construisez un deuxième mur à gauche du premier, comme indiqué à la Figure 6.16.**
4. **Placez et construisez un troisième mur à gauche du deuxième, comme indiqué à la Figure 6.17.**

Vous devrez peut-être rapprocher votre avatar des deux premiers murs pour positionner correctement ce troisième mur.

FIGURE 6.16 Le deuxième mur.

FIGURE 6.17 Le troisième mur.

5. Placez et construisez le quatrième et dernier mur à gauche du troisième et à droite du premier, comme indiqué à la Figure 6.18.

La petite cabane ayant maintenant quatre murs, il est temps d'ajouter un toit.

FIGURE 6.18 Le quatrième mur (à ne pas détruire).

6. **Sélectionnez une pyramide et placez-la au-dessus des murs, comme indiqué à la Figure 6.19.**

Malgré son nom, une tuile de sol peut également faire office de toit, mais elle est principalement destinée à ajouter un étage supplémentaire à une structure.

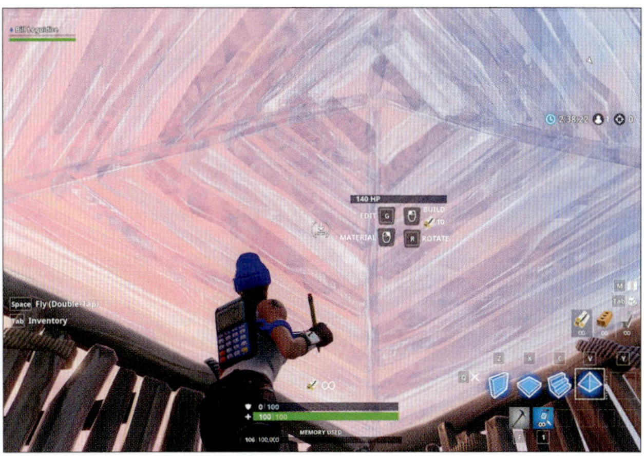

FIGURE 6.19 Choisissez une pyramide pour construire un toit.

7. **Cliquez sur Construire pour placer le toit.**

   Votre structure est enfin achevée, comme illustré à la Figure 6.20.

FIGURE 6.20 Une structure achevée.

L'est-elle vraiment ? Sans porte, pas moyen de sortir sans détruire un mur ! La procédure de modification des structures sera expliquée plus en détail dans la section suivante, mais procédez déjà comme suit pour ajouter une sortie :

1. **Faites face à un mur, comme montré à la Figure 6.21, et assurez-vous qu'il soit sélectionné en mode Construction.**

   L'option Modifier apparaît.

2. **Cliquez sur Modifier.**

   La grille de modification apparaît, telle qu'à la Figure 6.22.

3. **Visez et tirez sur le bloc inférieur.**

   Le bloc inférieur devient gris, comme illustré à la Figure 6.23.

4. **Cliquez sur Confirmer.**

   Il y a maintenant une ouverture dans laquelle vous pouvez vous glisser, comme illustré à la Figure 6.24.

FIGURE 6.21 L'option Modifier apparaît en faisant face à une structure qui peut être modifiée.

FIGURE 6.22 La grille de modification.

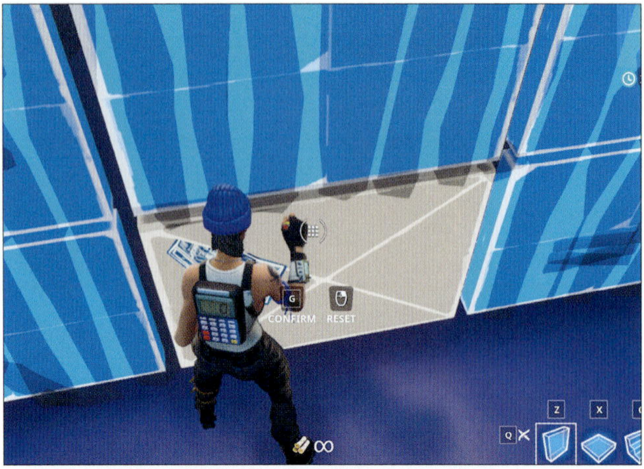

FIGURE 6.23 Le bloc du bas est sélectionné pour être supprimé.

FIGURE 6.24 Il y a maintenant une ouverture !

Vous connaissez maintenant les bases de la construction de structures simples. Examinons les structures modifiables un peu plus en détail dans la section suivante avant d'aborder des constructions plus avancées.

Modifier des structures

La modification, comme la construction, joue un rôle important dans Fortnite. Sans de solides compétences en la matière, vous ne pourrez pas créer les structures plus élaborées nécessaires pour affronter les meilleurs gamers du jeu.

Toutes les structures simples, telles que les murs, les sols, les rampes et les pyramides, peuvent être modifiées. Chacune de ces quatre structures est constituée d'une grille de 2 × 2 ou 3 × 3, dont les blocs indépendants sont modifiables avant ou après le placement de la structure, à l'aide de la commande Modifier.

Les structures que vous ou vos coéquipiers construisez sont modifiables. Celles construites par un autre que vous ou vos coéquipiers ne le sont pas en revanche, mais peuvent être endommagées ou détruites.

En mode Modifier, les modifications valides sont indiquées en bleu. Lorsque vous marquez un bloc pour le supprimer, il devient gris. Si vous tentez une modification non autorisée qui aboutirait à une structure instable, les blocs restants deviennent rouges, comme illustré à la Figure 6.25. Corrigez l'erreur ou sélectionnez Réinitialiser pour ramener la structure simple à sa configuration d'origine.

Fortnite conserve automatiquement votre dernière modification. Ainsi, en maintenant le bouton enfoncé, votre construction précédente se répète.

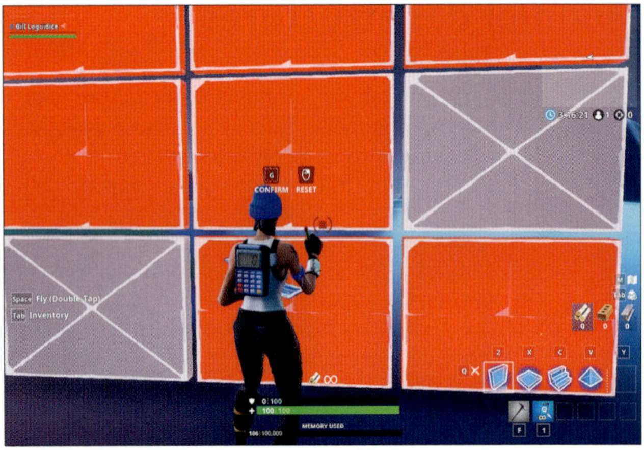

FIGURE 6.25 Si la suppression du bloc du milieu à droite est autorisée, celle du bloc en bas à gauche ne l'est pas, ce qui rend toute modification invalide et fait virer le reste de la grille au rouge.

Modifier des murs

Vous pouvez ajouter une fenêtre ou une porte à n'importe quel mur. Celle-ci a la forme d'une grille de 3 × 3 blocs. Suivez ces étapes :

1. **Sélectionnez le mur en mode Construction, comme dans la Figure 6.26.**

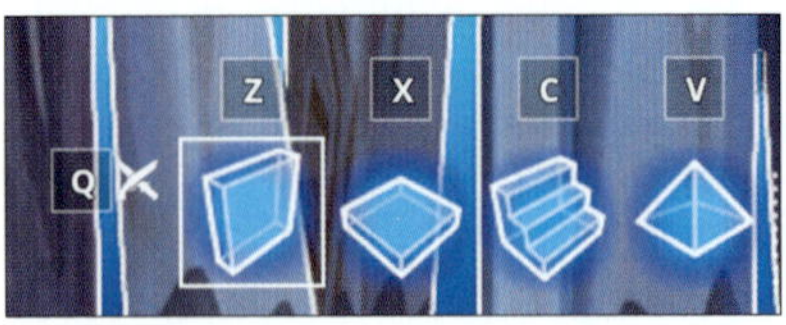

FIGURE 6.26 Mur sélectionné en mode Construction.

2. **Construisez un mur ou tenez-vous devant un mur existant.**

   Si vous construisez un nouveau mur, vous pouvez attendre avant de le placer.

3. **Cliquez sur Modifier.**

   La grille de modification apparaît, comme illustré à la Figure 6.27.

FIGURE 6.27 Grille de modification.

4. **Visez et cliquez sur un bloc à l'endroit où vous souhaitez une fenêtre, ou sur deux blocs, l'un au-dessus de l'autre, là où vous souhaitez une porte, comme illustré à la Figure 6.28.**

FIGURE 6.28 Sélection de deux blocs, l'un au-dessus de l'autre, pour créer une porte.

5. **Cliquez sur Confirmer.**

Votre porte ou votre fenêtre est maintenant placée, comme illustré à la Figure 6.29.

FIGURE 6.29 La porte achevée.

Vous pouvez agrandir ou raccourcir un mur en suivant le processus précédent et en modifiant une rangée entière de trois blocs, comme illustré à la Figure 6.30.

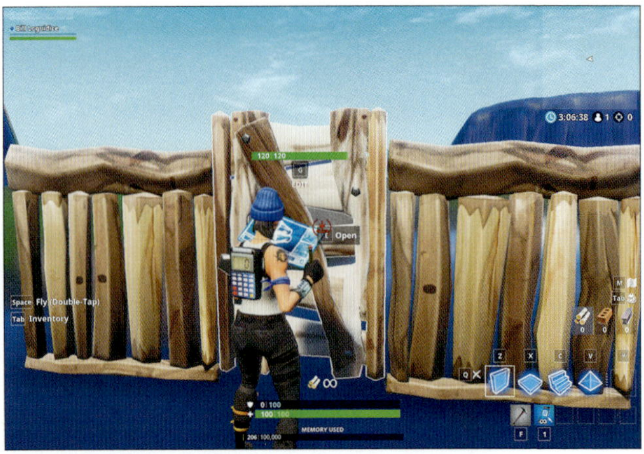

FIGURE 6.30 Le même mur avec la rangée des trois blocs du haut supprimée.

Ce qui est retiré peut être remis, tant qu'il en résulte une structure stable ! Modifiez simplement à nouveau la structure et visez-cliquez sur les espaces-blocs vides que vous souhaitez remplir à nouveau.

Bien que sa valeur soit discutable au combat, vous pouvez créer un demi-mur en supprimant les trois blocs d'un coin de chaque côté, comme illustré à la Figure 6.31.

FIGURE 6.31 Retrait des trois blocs du coin gauche pour former un mur incliné à gauche.

Cette suppression donne un mur triangulaire, comme illustré à la Figure 6.32.

FIGURE 6.32 Le mur est maintenant triangulaire.

Modifier un sol

Pour modifier un sol, on reprend les mêmes bases que pour un mur, mais avec une grille plus petite de 2 × 2 blocs. La suppression de un à trois blocs de sol crée un trou correspondant dans ce sol, protégé par des garde-corps. Dans l'exemple de la Figure 6.33, la tuile supérieure gauche a été modifiée, ce qui permet une ouverture vers l'étage du dessous.

FIGURE 6.33 Ouverture du deuxième étage vers le premier.

Si vous supprimez deux blocs de sol diagonalement opposés – comme, par exemple, les blocs supérieur gauche et inférieur droit –, vous obtenez la structure en forme de pont illustrée à la Figure 6.34.

Modifier une rampe

Les rampes sont les structures les plus complexes à modifier. Vous ne pouvez supprimer aucun bloc de sa grille 3 × 3, mais il vous faut déterminer son angle, son épaisseur et sa direction. Pour modifier une rampe, comme dans la Figure 6.35, sélectionnez un bloc, maintenez appuyé et faites glisser d'une section à l'autre.

FIGURE 6.34 La suppression de deux blocs de sol diagonalement opposés donne cette structure en forme de pont.

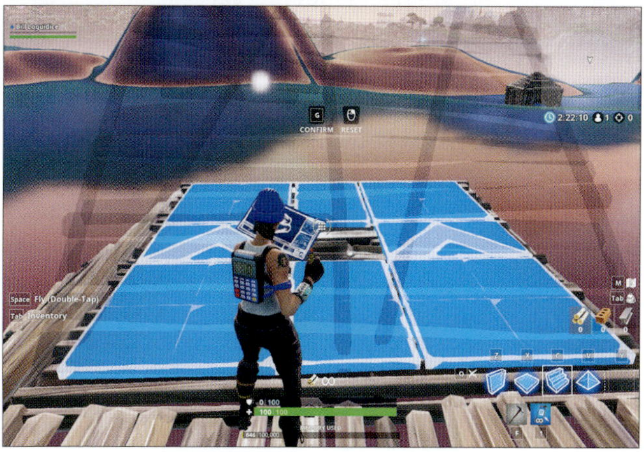

FIGURE 6.35 Modification d'une rampe, dont la configuration par défaut est montrée par des flèches.

Pour créer une demi-rampe, sélectionnez un bloc, maintenez appuyé et glissez du coin inférieur au sommet de la même rangée, comme indiqué dans la Figure 6.36.

FIGURE 6.36 Création d'une demi-rampe.

La demi-rampe achevée est illustrée à la Figure 6.37.

FIGURE 6.37 la demi-rampe achevée.

Pour créer une rampe en forme de L, sélectionnez un bloc, maintenez appuyé et faites glisser du coin inférieur au sommet de la même rangée, puis continuez jusqu'au coin opposé, comme indiqué dans la Figure 6.38.

FIGURE 6.38 Construction d'une rampe en L.

La Figure 6.39 montre une rampe achevée en forme de L.

FIGURE 6.39 La rampe en L achevée.

Pour créer une rampe en forme de U, sélectionnez un bloc, maintenez appuyé et faites glisser du coin inférieur au sommet de la même rangée, puis continuez jusqu'à atteindre le coin inférieur opposé, comme illustré à la Figure 6.40.

FIGURE 6.40 Construction d'une rampe en U.

FIGURE 6.41 La rampe en U achevée.

Modifier une pyramide

De même qu'une rampe, une pyramide est une structure atypique à modifier. Les blocs de sa grille 2 × 2, illustrée à la Figure 6.42, ne peuvent pas être supprimés, mais ils peuvent être élevés et abaissés.

Si vous élevez un coin, comme dans la Figure 6.42, vous obtenez une crête.

FIGURE 6.42 Élévation d'un coin dans une modification de pyramide.

La crête de la pyramide est illustrée à la Figure 6.43.

FIGURE 6.43 La crête de pyramide achevée.

Si vous élevez deux blocs côte à côte, comme illustré à la Figure 6.44, vous obtenez une rampe.

FIGURE 6.44 Élévation de deux blocs côte à côte dans une modification de pyramide.

La rampe de la pyramide est illustrée à la Figure 6.45.

FIGURE 6.45 La rampe de pyramide achevée.

Si vous élevez trois blocs, comme dans la Figure 6.46, vous obtenez une forme concave qui ne reste debout que si elle a au moins deux murs auxquels se fixer.

FIGURE 6.46 Élévation de trois blocs dans une modification de pyramide.

La pyramide concave est illustrée à la Figure 6.47.

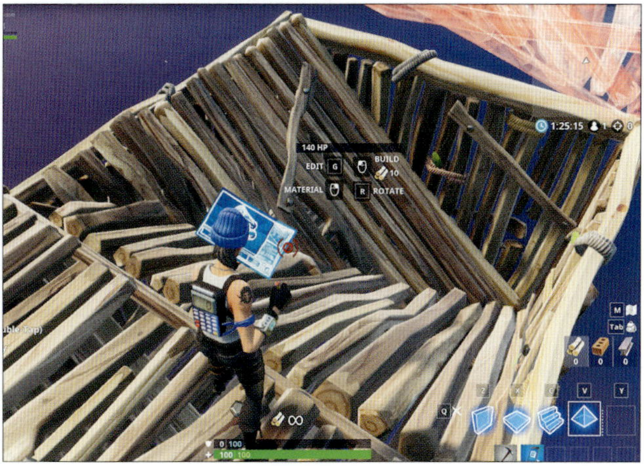

FIGURE 6.47 La pyramide concave achevée.

Construire avec un but précis

La construction dans Fortnite est une activité passionnante et amusante en soi, mais au milieu d'une Partie serrée de *Battle Royale*, il est important de construire avec un objectif en tête. Par exemple, jeter un mur rapide pour absorber les tirs ennemis ; construire un pont pour gagner de la hauteur et de la distance ; créer un poste d'observation à la fois pour repérer et tirer sur les ennemis. Les objectifs et les possibilités sont innombrables.

Parcourons ici quelques façons de construire avec un objectif en tête :

- **Double rampe :** Construisez deux rampes, côte à côte, ce qui vous permettra d'aller de l'une à l'autre en fonction du côté attaqué. Si l'une des rampes est détruite, vous pourrez toujours sauter sur la rampe restante plutôt que de dégringoler et vous exposer au danger et à des dégâts potentiels.

  Lorsque des composants de votre structure ont été endommagés, si vous n'êtes plus sous une menace immédiate, utiliser la commande Réparer sera parfois plus judicieux que de tout recommencer ailleurs.

- **Tour de sniper :** Construisez une tour surmontée d'une pyramide en forme de rampe, comme celle illustrée à la Figure 6.48. Cette construction vous donne l'avantage de la hauteur tout en protégeant vos côtés et vos arrières.

FIGURE 6.48 Construction d'une tour de sniper.

» **Fort de panique :** Même s'il n'est pas aussi rapide à construire qu'un mur de panique à jeter entre vous et un ennemi, un fort de panique est bien plus polyvalent, offrant à la fois protection et hauteur. Pour en construire un, comme celui illustré à la Figure 6.49, construisez un mur entre vous et l'ennemi, puis érigez les trois autres murs. Enfin, placez une rampe juste sous vous en direction de l'ennemi.

FIGURE 6.49 Fort de panique.

» **Rampe de panique :** Pour vous échapper rapidement, construisez des rampes de panique. Elles vous donnent un avantage de hauteur et vous protègent également contre les ennemis qui vous font face au-dessous de la rampe. Pour plus de protection, élevez des murs latéraux de circonstance en montant.

Les fondations fragiles sont le fléau des structures complexes. Si un ennemi détruit vos fondations, toute votre structure s'effondrera. Soyez particulièrement vigilant.e à tout type d'attaque explosive !

» **Mur de panique :** C'est la forme de défense la plus courante. En cas d'attaque directe, lancez un mur pour absorber les dégâts. Les murs ralentissent également les ennemis à votre poursuite, en particulier s'ils se trouvent dans un environnement déjà surchargé.

Vous pouvez construire à peu près n'importe où, même au-dessus de structures et bâtiments existants. Pas d'hésitation, tirez parti de tout ce qui vous entoure !

» **Rampe en ciseaux :** Il s'agit ici d'ajouter une rampe au-dessous et une autre au-dessus de vous, dans une construction alternée, comme illustré à la Figure 6.50. Cela vous protège des attaques provenant des hauteurs, jusqu'à ce que vous atteigniez la hauteur dont vous avez besoin. Cette technique défensive est particulièrement utile quand vous essayez de gravir une montagne et que vous n'êtes pas sûr.e des positions ennemies.

FIGURE 6.50 Rampe en ciseaux.

» **Pont simple :** À l'instar du mur de panique, le pont simple constitue une solution élégante à un problème courant. S'il vous faut traverser des étendues d'eau, passer des montagnes ou dépasser des bâtiments pour atteindre l'autre côté, il vous suffit de poser des blocs de sol au fur et à mesure. Chaque nouveau bloc sera maintenu par le précédent. Cela fonctionne à merveille quand vous maintenez le bouton Construction enfoncé. Assurez-vous simplement de disposer des ressources nécessaires pour parcourir de longues distances.

Les pièges s'utilisent de la même façon que n'importe quel autre matériau de construction. Ils se placent non seulement sur les sols, mais aussi sur les plafonds et les murs. Faites preuve de créativité en plaçant des pièges dans et autour de vos formations pour surprendre vos ennemis !

Quand vous maîtriserez tout cela, vous pourrez construire des structures de plus en plus ingénieuses. Par exemple, suivez ces étapes pour bâtir une tour de tireur d'élite pour vous et vos coéquipiers :

1. **Construisez des murs autour de vous. Si le sol n'a pas de structure plane, ajoutez un sol.**

   Vous obtenez ainsi une structure à quatre murs, comme dans la Figure 6.51.

FIGURE 6.51 Structure à quatre murs.

2. **Sélectionnez la rampe.**
3. **Sautez puis appuyez sur Construction pour rester en haut de la rampe, comme illustré à la Figure 6.52.**
4. **Marchez jusqu'en haut de la rampe et construisez quatre autres murs.**
5. **Répétez les étapes 1 à 4 jusqu'à ce que vous ayez atteint la hauteur désirée.**
6. **Ajoutez un sol.**
7. **À la hauteur désirée, ajoutez un toit, comme illustré à la Figure 6.53.**
8. **Au dernier niveau, ajoutez huit fenêtres – deux par mur –, comme illustré à la Figure 6.54.**

   Vous devriez avoir une bonne vue des environs maintenant. Prêt.e à tourmenter vos ennemis depuis les hauteurs ?

FIGURE 6.52 Restez au sommet de la rampe pour continuer à construire.

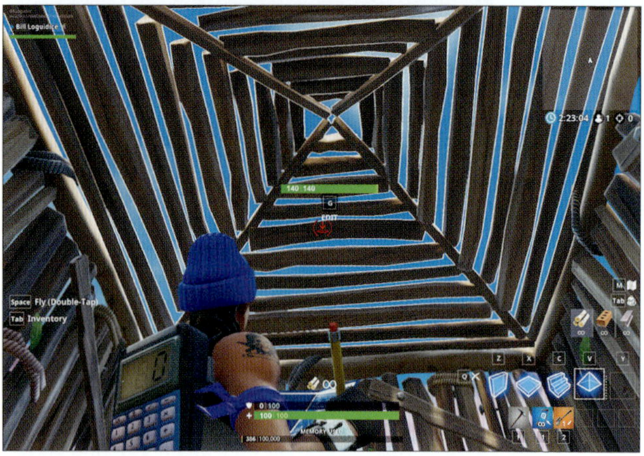

FIGURE 6.53 Le haut de la structure est complété d'un toit.

Construire un fort ou une base avec d'autres joueurs est un excellent exercice de communication et de travail d'équipe ; de plus, vous aurez ainsi une belle position défensive, en particulier si la construction est érigée au centre de la map lors d'étapes avancées de la Partie.

FIGURE 6.54 La structure achevée, vue de l'extérieur.

Inventer dans le mode Créatif

D'autres jeux vidéo populaires, tels que *Minecraft*, ont depuis longtemps prouvé l'intérêt d'un mode de construction à l'abri des ennemis. Il a fallu patienter jusqu'en décembre 2018 pour qu'Epic Games mette en œuvre un tel mode dans Fortnite, mais l'attente en valait la peine. Le mode *Créatif* permet de jouer sur la map de *Battle Royale* ainsi qu'avec les créations des autres, que ce soit seul, avec des amis ou des membres de la famille. Le meilleur morceau étant peut-être que vous disposez d'une île vierge rien que vous, pour y faire tout ce que bon vous semble. Le bac à sable ultime !

Lorsque vous accédez au mode *Créatif* pour la première fois, vous atterrissez dans le hub. Directement devant vous se trouve une option pour votre propre île vierge, comme illustré à la Figure 6.55. En haut des escaliers, vous avez les créations actuelles à explorer et avec lesquelles vous pouvez jouer. Juste derrière vous sont affichées des sections de la carte *Battle*

Royale, sur lesquelles vous pouvez vous déplacer, comme Pleasant Park, Polar Peak, Dusty Divot, Paradise Palms et Sunny Steps.

FIGURE 6.55 Exemple de hub après être entré dans le mode Créatif.

Pour aller dans ces zones, marchez jusqu'à l'une d'elles et entrez-la comme votre destination de faille. Pour les créations sélectionnées s'affichent une description de l'île et le nombre de joueurs possible pour le type de jeu, comme dans la Figure 6.56.

FIGURE 6.56 Exemple de création présentée et de sa description « The Room ».

Vous avez sinon le choix d'entrer vos propres codes : appuyez sur le bouton Définir le code d'île. Lorsque l'écran Codes d'île apparaît, comme dans la Figure 6.57, entrez les numéros dans le champ « 0000-0000-0000 ». Le Chapitre 11 contient une liste de certains codes d'îles incroyables de Fortnite.

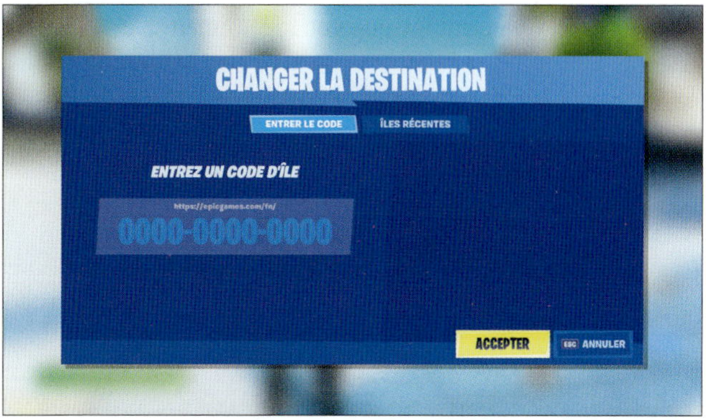

FIGURE 6.57 L'écran des codes d'île.

Vous pouvez bien sûr personnaliser votre hub jusqu'à un certain degré, par exemple en maintenant enfoncée la commande Définir la destination de la faille quand vous vous trouvez devant votre île vierge, afin de modifier la destination de la faille. Un exemple des choix présentés lors de la sélection de cette option est illustré à la Figure 6.58.

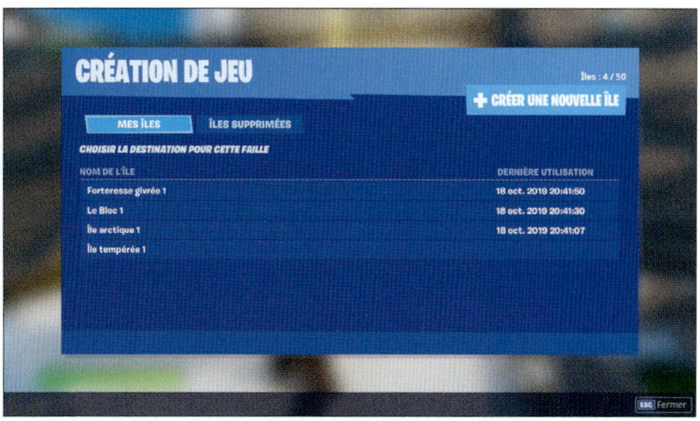

FIGURE 6.58 L'écran de sélection des îles.

Lorsque vous débarquez sur votre île dans *Créatif*, votre ardoise est vierge, comme illustré à la Figure 6.59. Vous détenez un nombre illimité de matériaux, un inventaire tout aussi illimité et êtes doté.e de la capacité de voler ! Un smartphone remplit votre premier slot d'inventaire, qui vous permet de copier, couper et supprimer des structures et des objets. Vous pouvez créer autant que vous le souhaitez et ce que vous voulez sur l'île, à condition qu'il y ait suffisamment de mémoire libre dans l'espace Mémoire utilisée en bas au centre de l'écran.

FIGURE 6.59 Ce qui se rapproche le plus d'une toile vierge, avec des ressources presque illimitées, en mode *Créatif*.

Les paramètres fonctionnent plus ou moins comme dans *Battle Royale*, avec quelques options supplémentaires. L'écran Mon île illustré à la Figure 6.60 est particulièrement intéressant, car il vous permet de personnaliser divers paramètres de jeu et d'île en mode *Créatif*, y compris le nom et la description de votre île.

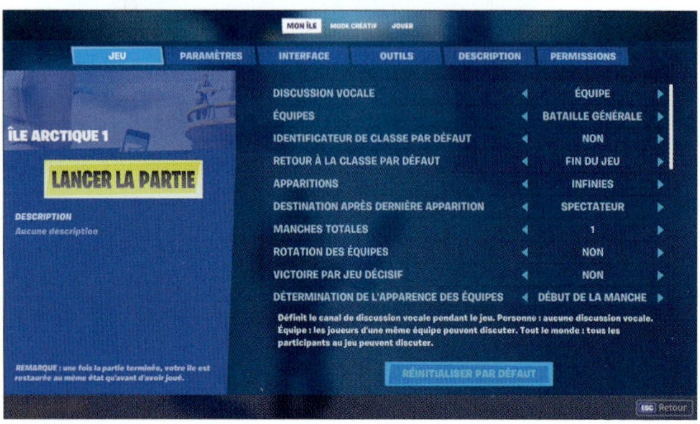

FIGURE 6.60 Les options de Mon île sous Paramètres.

Si vous avez saccagé votre île ou souhaitez simplement la retrouver à son état d'origine, choisissez Réinitialiser sous l'onglet Outils d'île, comme illustré à la Figure 6.61.

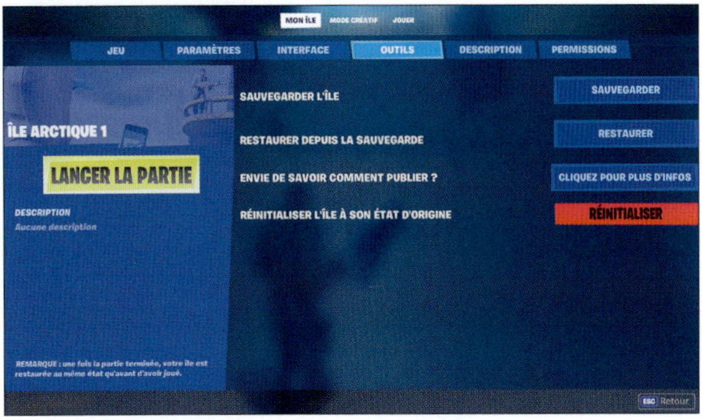

FIGURE 6.61 L'onglet Outils d'île.

Votre inventaire, illustré à la Figure 6.62, contient déjà quelques objets étonnants. Passons en revue chacun des onglets :

» **Préfabriqués :** Voici une sélection de bâtiments complexes préfabriqués. Équiper l'un de ces derniers l'ajoute à votre inventaire en tant que grenade, qui se placera là où vous le jetterez. Un exemple est présenté à la Figure 6.63.

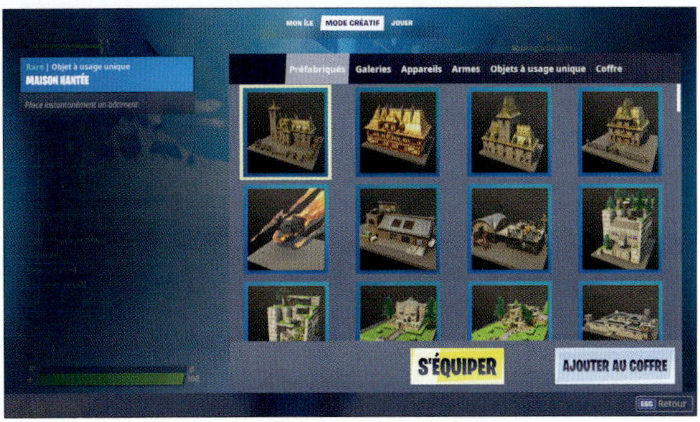

FIGURE 6.62 L'onglet Préfabriqués.

FIGURE 6.63 Forteresse militaire Béhémoth préfabriquée, modifiable.

» **Galeries :** Une sélection de divers éléments, illustrés à la Figure 6.64, que vous pouvez créer, incluant du matériel de bureau, des lettres, des chiffres, des formes colorées, des arbres et de nombreux autres objets. Lorsque vous équipez l'une des galeries, celle-ci entre dans votre inventaire sous forme de grenade.

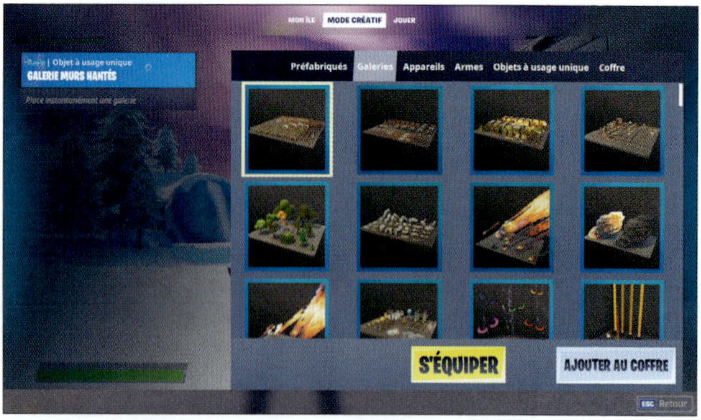

FIGURE 6.64 L'onglet Galeries.

» **Appareils :** Une sélection de pièges, véhicules et stands de tir, comme illustré à la Figure 6.65.

Ajouter un véhicule dans cet onglet est un excellent moyen de s'exercer à conduire ou à piloter. Créez vos propres pistes de course ou parcours d'obstacles pour vous amuser tout en améliorant votre habileté !

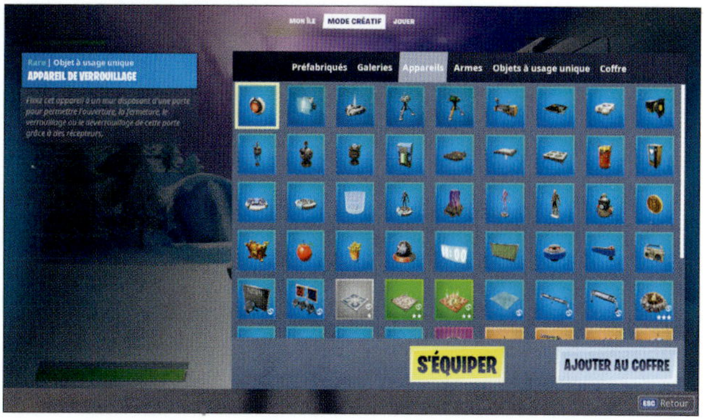

FIGURE 6.65 L'onglet Appareils.

» **Armes :** Une sélection d'armes, regroupées par rareté, comme illustré à la Figure 6.66. C'est un excellent moyen de vérifier les armes difficiles à trouver in game ou qui ont été mises de côté pour une autre saison.

FIGURE 6.66 L'onglet Armes.

» **Objets à usage unique :** S'y trouve une sélection de consommables variés tels que des munitions, des articles de soins et des explosifs, comme illustré à la Figure 6.67.

» **Coffre :** Ajoutez des éléments à cet onglet, comme illustré à la Figure 6.68, depuis tout autre onglet, à l'aide de l'option Ajouter au coffre. Après avoir ajouté des éléments, vous pouvez créer ici vos propres coffres ou lamas à loot pour vos jeux personnalisés.

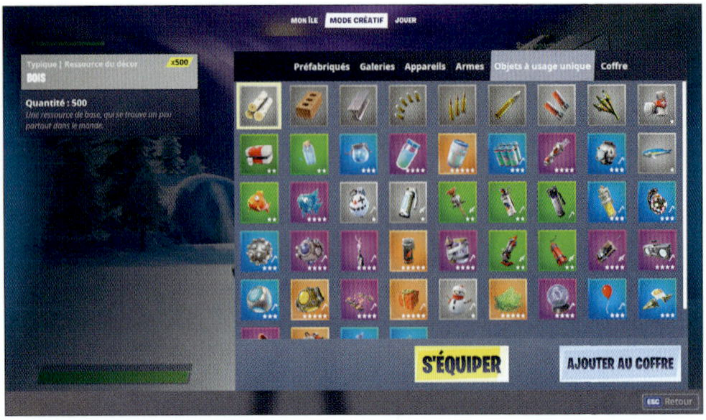

FIGURE 6.67 L'onglet Objets à usage unique.

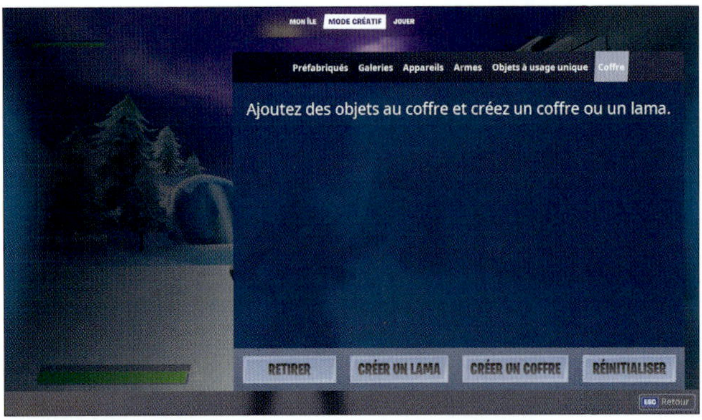

FIGURE 6.68 L'onglet Coffre.

Tout ce qui précède ne fait bien sûr qu'effleurer la surface. Le mode *Créatif* est votre terrain de jeu, avec si peu de limites qu'il serait dommage de ne pas l'expérimenter. Il n'existe aucune mauvaise façon de faire les choses dans le mode *Créatif*, alors assurez-vous d'explorer toutes les options et amusez-vous, sans être inquiété.e par qui que ce soit !

Chapitre 7

Décryptage du Passe de Combat

DANS CE CHAPITRE :

- **Connaître la valeur du Passe de Combat.**
- **Comprendre le système de progression.**
- **Ce que sont les défis quotidiens, hebdomadaires et spéciaux.**
- **Obtenir de l'aide pour une Partie.**

Le système de progression du Passe de Combat dans *Battle Royale* a été introduit au démarrage de la saison 2 en décembre 2017. Il récompense les joueurs et joueuses mordu.e.s avec divers cosmétiques, propres à chaque saison mais qui resteront votre bien précieux pour les saisons suivantes. S'il existe une version gratuite du Passe de Combat – le Passe Gratuit –, vous trouverez néanmoins la plupart des meilleurs éléments dans la version payante. Dans ce chapitre, nous allons examiner plus en détail le Passe de Combat, y compris la progression de niveau et les défis.

La valeur du Passe de Combat

Un Passe de Combat s'achète à tout moment de la saison, comme illustré à la Figure 7.1. Au moment d'écrire ces lignes, ce dernier coûte 950 V-Bucks par saison, soit 9,50 €. Si progresser rapidement est ce qui vous importe le plus – et que vous n'ayez pas un temps infini devant vous –, achetez un Pack de Combat ! Il comprend un Passe de Combat plus 25 paliers (ou niveaux) de progression automatique, pour 2 800 V-Bucks, soit 28,00 €. Vous devrez, comme indiqué au Chapitre 1, acheter des V-Bucks pour pouvoir payer le Passe de Combat, mais il vous en restera probablement quelques-uns à investir dans des cosmétiques supplémentaires. Nous traiterons ceci dans le chapitre suivant.

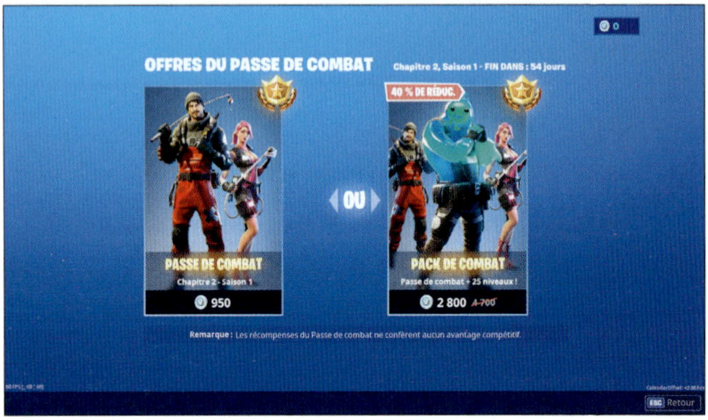

FIGURE 7.1 : Offre de Passe de Combat de la saison 11. Soyez à l'affût des offres soldées, comme celle présentée ici pour le Pack de Combat.

Epic Games offre une façon de gagner un Passe de Combat gratuit. En complétant un nombre spécifique de défis à durée limitée vers la fin d'une saison, vous gagnez plusieurs prix, dont des EXP, des Étoiles de Combat, des enveloppements (wraps) et des écrans de chargement. Dès la saison 7, si vous aviez complété 13 défis temporaires, le grand prix était un Passe de Combat gratuit pour la saison suivante. Ne ratez pas des offres similaires dans les saisons à venir !

Le Passe de Combat permet d'acquérir une gamme de cosmétiques uniques de la saison en cours, ainsi qu'un multiplicateur de pourcentage pour vous aider à accéder rapidement au niveau supérieur du jeu. En jouant régulièrement et en relevant des défis hebdomadaires, vous gagnez des cosmétiques supplémentaires dans votre Passe de Combat, qui n'affectent pas cependant votre niveau in game. En revanche, vous gagnez des Étoiles de Combat pour progresser dans les paliers de niveau du Passe de Combat.

Il n'y a pas d'argent à gagner dans Fortnite. Toutes les récompenses de combat sont strictement esthétiques et n'affectent pas le jeu.

Chaque Passe de Combat comprend 100 paliers ; vous démarrez le niveau au palier 1. Pour 10 Étoiles de Combat gagnées, vous montez d'un palier. De même que pour le Pack de Combat et ses 25 paliers inclus, vous pouvez si vous le souhaitez acheter le palier suivant pour 150 V-Bucks, soit 1,50 €.

Au fur et à mesure que vous progressez dans certains paliers, vous gagnez également des V-Bucks, 100 à la fois. Libre à vous d'utiliser vos V-Bucks pour acheter d'autres cosmétiques, ou de les conserver pour de futures saisons.

Les informations de votre compte et vos V-Bucks sont les seuls éléments partagés entre le jeu gratuit et *Sauver le Monde*. Le mode *Sauver le Monde* coûte actuellement de l'argent réel, mais si vous achetez cette partie du jeu, vous pouvez là aussi gagner des V-Bucks. Vous aurez en fait bien plus d'occasions de gagner des V-Bucks dans *Sauver le Monde* que dans le Passe Gratuit de *Battle Royale*.

Ce qu'il faut comprendre avec le Passe de Combat, c'est que plus vous jouerez, plus vous gagnerez et débloquerez d'éléments. Parmi les objets à débloquer, vous trouverez des tenues, des planeurs, des outils de collecte, des animaux domestiques, des sacs à dos, des émoticônes, des aérosols, des jouets, des wraps, des traînées, de la musique, des écrans de chargement, *etc.* La valeur de tous les cosmétiques que vous recevez dépasse de loin le coût du Passe de Combat lui-même.

Chaque Passe de Combat expire à la fin de la saison d'acquisition. Une fois la saison terminée, vous conservez toutes les récompenses cosmétiques in game, mais les boosts d'EXP se terminent et vous ne pourrez plus obtenir de récompenses ni compléter les défis hebdomadaires de cette saison.

Si vous avez peu de temps à consacrer au jeu au cours d'une saison particulière, amusez-vous simplement avec le Passe Gratuit. Si vous êtes en mesure de jouer sur une base semi-régulière – et que vous puissiez en payer le prix –, le Passe de Combat est un excellent moyen d'améliorer votre expérience avec des objets amusants qui ne seront plus disponibles par la suite, ainsi que de vous frotter à des défis uniques.

Comprendre le système de progression

La progression des joueurs est mesurée par deux valeurs différentes : le niveau de la saison, qui monte avec l'acquisition des EXP de la saison, et les paliers du Passe de Combat, qui augmentent en accumulant les Étoiles de Combat. Le niveau de la saison représente votre temps de jeu pendant la saison en cours et possède les propriétés suivantes :

- **EXP de saison :** Elle affecte le niveau de la saison. Se gagne par un jeu de qualité, incluant la durée de survie, le nombre d'ennemis éliminés et le placement dans la Partie. Elle est attribuée directement en complétant les défis du Passe de Combat et en montant de palier. L'EXP de saison peut être augmentée par des boosts personnels d'EXP.
- **EXP d'équipier :** Augmente la quantité d'EXP de saison pour ceux avec qui vous jouez, et *vice versa*. Une seule peut être active à la fois.
- **EXP de Combo :** Augmente à la fois l'EXP personnelle et l'EXP d'équipier.
- **Boosts :** Tous les boosts sont cumulatifs.

Pour collecter suffisamment d'Étoiles de Combat et obtenir ainsi les récompenses du Passe de Combat sans acheter de paliers, il vous faudra monter votre niveau en complétant des défis quotidiens et hebdomadaires. Si vous souhaitez dès à présent obtenir ces récompenses, nul doute que vous voudrez acheter au plus tôt le Passe de la saison afin d'avoir suffisamment de temps.

Un palier de Passe de Combat a les propriétés suivantes :

- **Paliers :** Vous changez de palier (ou niveau) en acquérant des Étoiles de Combat. Gagner 10 Étoiles de Combat vous ajoute un palier, et ainsi de suite jusqu'à 100 paliers. Les paliers s'achètent également pour 150 V-Bucks chacun, jusqu'à 100 maximum.
- **Étoiles de Combat :** Elles sont la récompense pour avoir réussi un défi spécifique.

- **Défis :** Compléter un défi quotidien attribue 5 Étoiles de Combat. Un défi hebdomadaire complété vaut 5 Étoiles de Combat. Un défi hebdomadaire difficile complété paye plutôt bien : 10 Étoiles de Combat. Certains défis comportent plusieurs étapes qui attribuent de 1 à 4 Étoiles de Combat par étape.
- **Monter de niveau :** Monter d'un niveau de saison, comme passer au niveau 3, donne 2 Étoiles de Combat. À chaque multiple de cinq – comme au niveau 25 –, vous gagnez 5 Étoiles de Combat. À chaque multiple de dix – comme au niveau 40 –, vous gagnez 10 Étoiles de Combat.

L'achat du Passe de Combat après avoir débloqué des paliers plus élevés vous accordera toutes les récompenses du Passe de Combat.

Vous pouvez suivre l'évolution de votre saison en sélectionnant l'onglet Passe de Combat depuis le Salon, comme illustré à la Figure 7.2. Regardons en détail cet onglet :

- **Palier :** Indique votre palier actuel, de 1 à 100. La colonne ou ligne correspondante affiche ce que vous avez débloqué.
- **Étoiles de Combat :** Le premier chiffre indique combien d'Étoiles de Combat ont été gagnées sur le chiffre total à atteindre. Il faut 10 Étoiles pour atteindre le prochain palier de déblocables.
- **Passe Gratuit :** Cette rangée de déblocables est disponible pour tous les joueurs, même ceux qui n'ont pas acheté de Passe de Combat. Étant donné la gratuité, les articles à débloquer sont bien moins nombreux qu'avec un Passe de Combat payant. Les déblocables comprennent des cosmétiques et des V-Bucks gratuits.
- **Passe de Combat :** Cette rangée de déblocables n'est disponible qu'aux acheteurs d'un Passe de Combat. Chacun des 100 paliers propose au moins un élément à débloquer. Les déblocables incluent des cosmétiques, des V-Bucks gratuits, des EXP pour les saisons à venir et autres friandises.
- **Description du déblocable :** En sélectionnant une icône de déverrouillage (cadenas) dans la rangée Passe Gratuit ou Passe de Combat, l'image s'affiche en plus grand et une description apparaît pour que vous sachiez exactement ce que vous avez gagné – ou allez gagner.

- **Acheter :** Vous souhaitez les meilleurs déblocables ? C'est ici que vous trouverez un Passe de Combat. Si vous ne disposez pas de suffisamment de V-Bucks pour terminer votre commande, vous serez dirigé.e vers les options d'achat de V-Bucks.

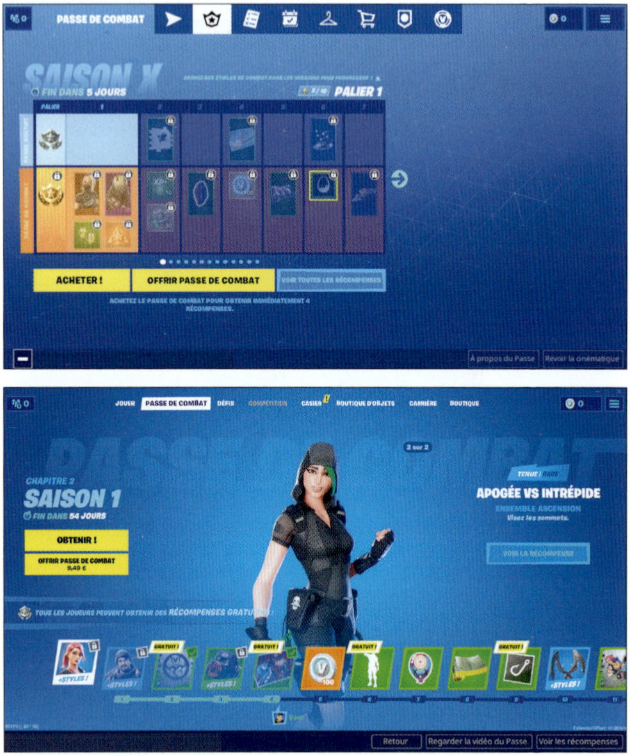

FIGURE 7.2 : L'onglet du Passe de Combat (saisons 10 sur iPhone et 11 sur Nintendo Switch).

Lorsque vous atteignez de nouveaux paliers, vous en êtes informé.e et pouvez alors débloquer le ou les éléments de ces paliers (voir Figure 7.3).

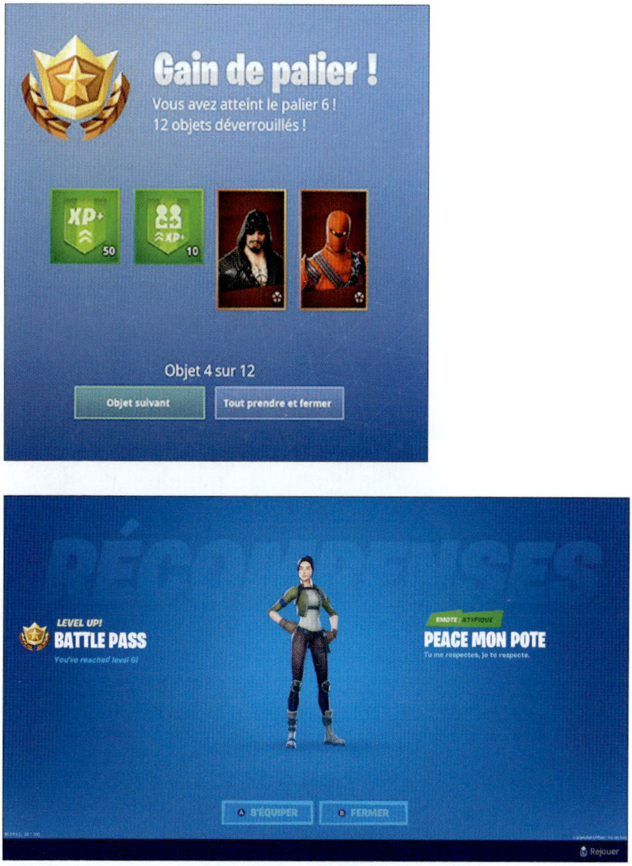

FIGURE 7.3 : Notification de nouveau palier (saisons 10 et 11).

Une fois averti.e, vous avez le choix entre afficher un à un les éléments et leur description, ou simplement cliquer sur Tout collecter/Fermer pour récupérer le tout sans vous attarder dessus. La Figure 7.4 montre un onglet de Passe de Combat avec une progression jusqu'au palier (*tier* en anglais) 26 de la saison 8, débloquant tout ce qui se trouvait jusque-là dans les rangées Passe Gratuit et Passe de Combat. Ce système a changé avec la version 11.

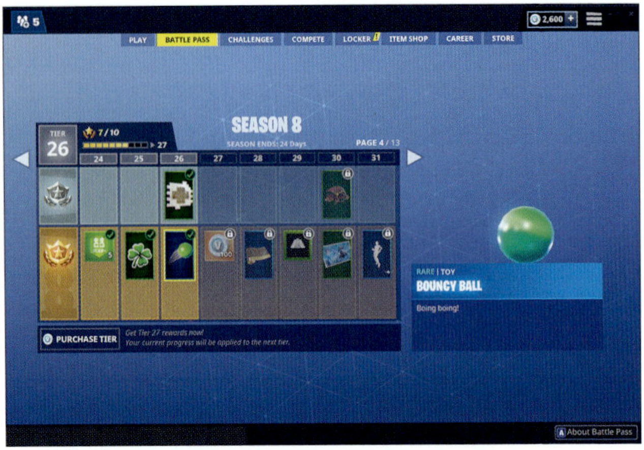

FIGURE 7.4 : L'onglet Passe de Combat avec tout ce qui a été débloqué jusqu'au palier 26 de la saison 8.

Ce que sont les défis

Il existe quatre principaux types de défis : quotidien, hebdomadaire, événement et style. Chaque type de défi fonctionne de la même manière, mais présente des propriétés différentes. Vous pouvez voir la liste actuelle des défis en sélectionnant l'onglet Défis, comme illustré à la Figure 7.5.

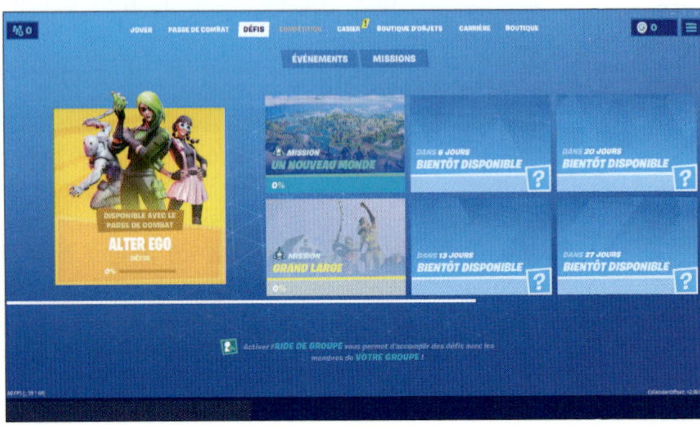

FIGURE 7.5 : L'onglet Défis.

Cliquer sur l'une des cases de défi vous indique les actions requises pour le compléter, comme illustré à la Figure 7.6.

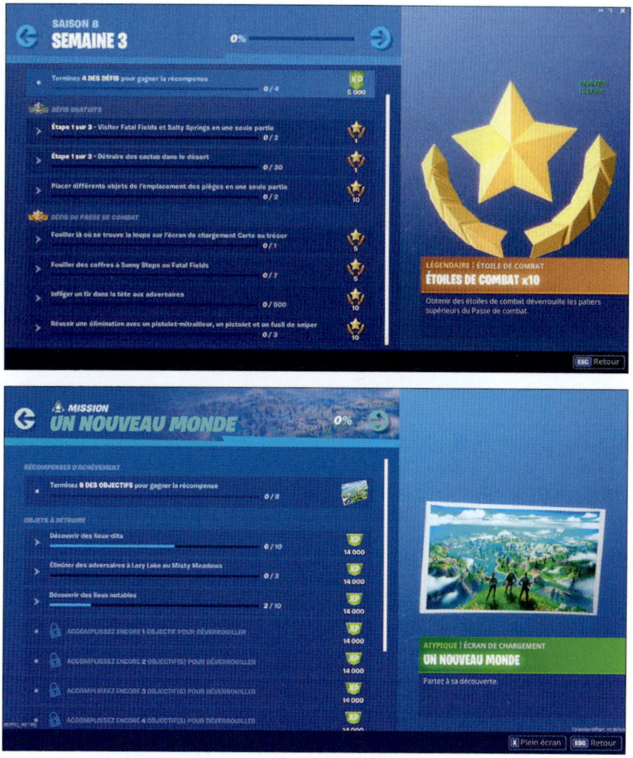

FIGURE 7.6 : Liste des actions à effectuer pour les semaines 3 de la saison 8 et 1 de la saison 11.

Les défis quotidiens, illustrés à la Figure 7.7, changent tous les jours. Compléter un défi quotidien vous récompense en EXP et Étoiles de Combat. Vous pouvez avoir jusqu'à trois défis quotidiens actifs en même temps ; mais pour en relever de nouveaux, il vous faudra tout d'abord compléter vos défis actifs.

Les défis hebdomadaires ou misions sont des défis uniques qui débloquent des éléments sur dix semaines au cours d'une saison (voir les Figures 7.8 et 7.9). Compléter ces défis vous récompense de nombreuses Étoiles de Combat qui vous débloquent des paliers supérieurs. Tout le monde peut compléter certains des défis de chaque semaine, mais vous devez posséder le Passe de Combat pour avoir accès à tous les défis.

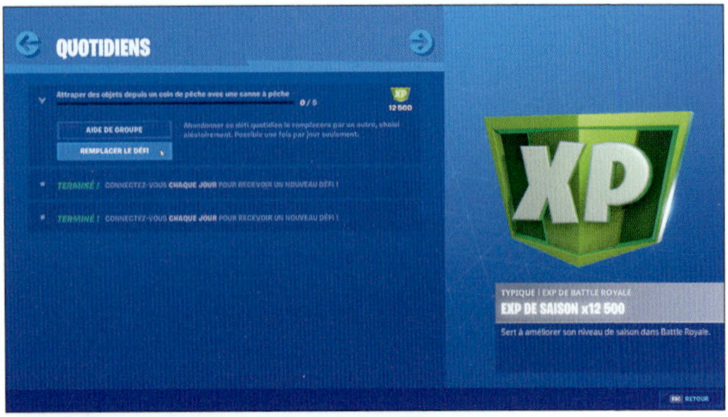

FIGURE 7.7 : Liste des défis quotidiens.

FIGURE 7.8 : Contenu d'une mission hebdomadaire.

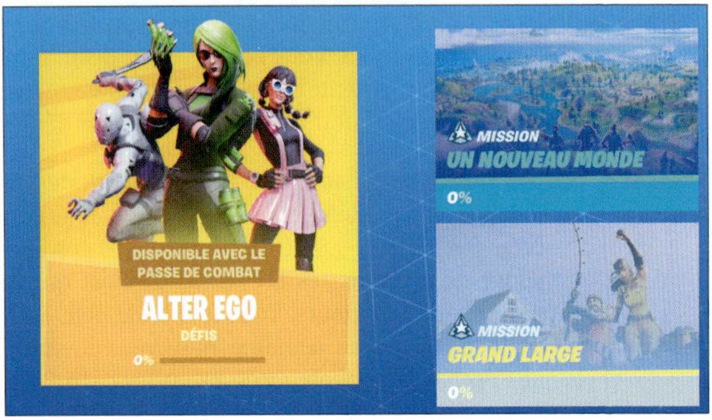

FIGURE 7.9 : Liste de missions.

Les défis d'événement sont des défis spéciaux qui permettent de charger des récompenses en écrans de chargement, Emotes ou autres éléments pour compléter des défis spéciaux. Pour chaque ensemble de défis d'événement complétés, vous recevez un nouvel écran de chargement ou une autre récompense.

Les défis Alter Ego sont des défis cumulatifs spéciaux qui attribuent différents styles ou tenues à vos avatars (voir la Figure 7.10). Pour chaque ensemble de défis Alter Ego complétés, vous recevez une nouvelle tenue ou un nouveau style pour le personnage spécifié.

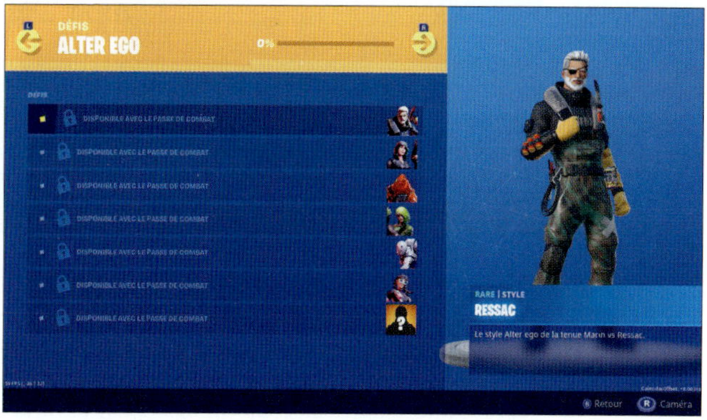

FIGURE 7.10 : Liste des défis Alter Ego.

Obtenir de l'aide pour une Partie

Dans l'onglet Défis, rien ne vous empêche d'activer l'Aide de groupe pour un défi quotidien ou hebdomadaire qui vous semble trop difficile à relever seul.e. Pendant une Partie, lorsque Aide de groupe est actif, les membres de votre groupe ont la possibilité de vous aider à compléter ce défi.

Pour utiliser l'Aide de groupe, vous devez déjà être membre d'un groupe. Ce qui signifie que vous devez faire équipe avec un à trois de vos amis ou de votre famille plutôt que d'utiliser l'option Remplir.

Si vous êtes membre d'un groupe donc, choisissez le défi quotidien ou hebdomadaire pour lequel vous souhaitez de l'aide et sélectionnez le bouton Aide de groupe, comme illustré à la Figure 7.11.

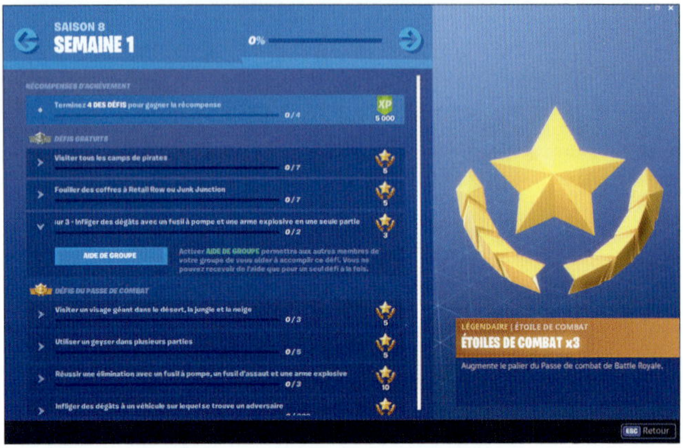

FIGURE 7.11 : Comme je fais partie d'un groupe, le bouton Aide de groupe est actif pour un défi de la semaine 1 de la saison 8, qui rapporte 3 Étoiles de Combat.

Aide de groupe ne peut être utilisé que sur un défi quotidien ou hebdomadaire à la fois, et uniquement avant le début de la Partie. Si le défi est complété par vous ou l'un des autres membres du groupe, tous les membres du groupe seront récompensés. Encourager un travail d'équipe positif comme celui-ci montre une fois de plus que Fortnite n'est pas un jeu qui se résume à un simple conflit.

Chapitre 8

Améliorez l'expérience Fortnite avec des cosmétiques de choix

DANS CE CHAPITRE :

- **Obtenir des cosmétiques.**
- **Acheter dans la Boutique d'objets.**
- **Remplir son Casier.**
- **Personnaliser les skins.**
- **Personnaliser les pioches, les back bling et les animaux de compagnie.**
- **Personnaliser les planeurs et les traînées.**
- **Jouer les funky avec des emotes, des émoticônes, des jouets et de la musique.**
- **Appliquer les aérosols, wraps, bannières et écrans de chargement.**

Comme vous l'avez compris, Fortnite présente de nombreuses options et une grande diversité d'objets. Ces options et cette variété vous permettent de personnaliser le jeu grâce à des cosmétiques : skins, pioches, accessoires de dos (back bling), planeurs, parapluies, traînées, emotes, aérosols, wraps, émoticônes, écrans de chargement, animaux de compagnie, jouets, bannières et musique. Ces objets n'ont aucune incidence sur le gameplay, mais les possibilités de combinaisons infinies – l'imagination est à l'honneur ! – donneront à votre avatar et ses actions un je-ne-sais-quoi qui ne ressemblera qu'à vous. Dans ce chapitre, vous allez apprendre à remplir votre Casier avec une liste toujours plus longue de cosmétiques.

Obtenir des cosmétiques

Comme cela a été décrit dans le Chapitre 7, les cosmétiques uniques que vous débloquerez iront se ranger dans votre Casier, en jouant régulièrement avec le Passe Gratuit ou le Passe de Combat. Vous ne recevrez pas forcément d'EXP ou de V-Bucks chaque fois que vous monterez l'un des 100 paliers, mais vous obtiendrez un ou plusieurs cosmétiques. Les éléments déblocables d'un palier de Passe Gratuit ou de Passe de Combat sont visibles dans l'onglet Passe de Combat du Salon. Sélectionner l'élément affiche sa description.

Dans la Figure 8.1, j'ai sélectionné dans la rangée Passe Gratuit le déblocable du palier 30, un planeur atypique appelé Flambeau (*Cinder*). Si j'atteignais le palier 30 avec le seul Passe Gratuit, c'est le cosmétique que je débloquerais et ajouterais à mon Casier. Si j'avais également le Passe de Combat, je débloquerais en plus l'écran de chargement atypique appelé Reine des Glaces.

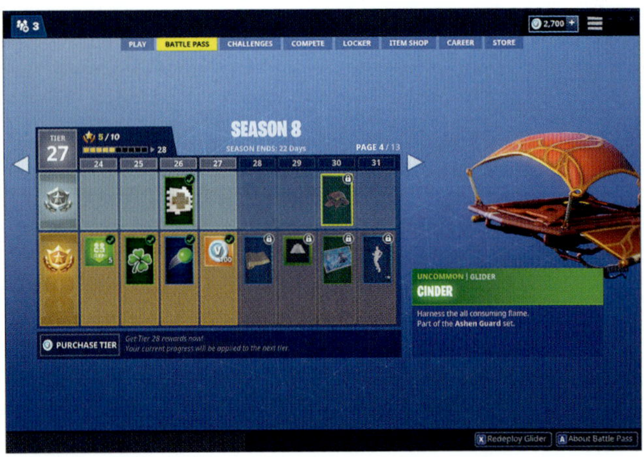

FIGURE 8.1 Le palier 30 débloque le planeur atypique Flambeau (*Cinder*) dans la rangée Passe Gratuit.

Il existe d'autres moyens de gagner des cosmétiques gratuits, grâce aux promotions des détaillants, aux événements spéciaux ou à une plateforme spécifique. Par exemple, si vous jouez à Fortnite sur PlayStation 4 et avez un abonnement PlayStation Plus, vous obtiendrez parfois des articles exclusifs, tels que le Pack Carbone Fortnite PlayStation Plus de la Figure 8.2, qui inclut un skin Soldat Carbone et un back bling Carbone. Les cosmétiques offerts changent bien sûr avec les saisons.

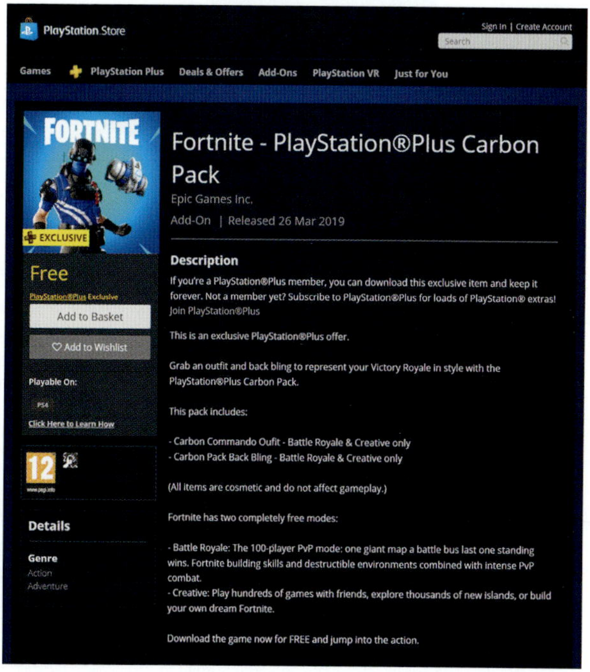

FIGURE 8.2 Les abonnés PlayStation Plus de la PS 4 bénéficient parfois d'éléments exclusifs, tels que le Pack Carbone Fortnite PlayStation Plus.

Ces objets exclusifs apparaissent dans votre Casier et peuvent ensuite être équipés. La Figure 8.3 montre le skin rare Carbone.

FIGURE 8.3 Le skin du Soldat Carbone.

La Figure 8.4 montre le back bling Carbone, un planeur rare appelé Sillage bleu.

Les skins exclusifs ne se limitent pas à la PlayStation 4. Les propriétaires de Xbox One et de Nintendo Switch bénéficient eux aussi de certaines exclusivités, tout comme les utilisateurs de la plateforme Twitch.tv abonnés à Twitch Prime, qui permet de regarder des matchs compétitifs de Fortnite sans publicité.

Le fait d'être abonné à Twitch Prime, disponible à l'adresse `https://twitchprime.com/`, vous permet d'obtenir des jeux bonus, du contenu in game exclusif, un abonnement mensuel à une chaîne sans frais supplémentaires – à utiliser sur toutes les chaînes partenaires ou affiliées –, des emotes exclusives et plus encore. L'abonnement est de 5,99 € par mois. Si vous êtes déjà membre d'Amazon Prime, votre compte Twitch Prime est gratuit. Il suffit d'aller sur la page `https://amzn.to/2OQLV96` et de vous connecter à votre compte.

Le dernier moyen d'acquérir des cosmétiques est le plus simple, en les achetant dans la Boutique d'objets. Regardons cela plus en détail dans la section suivante.

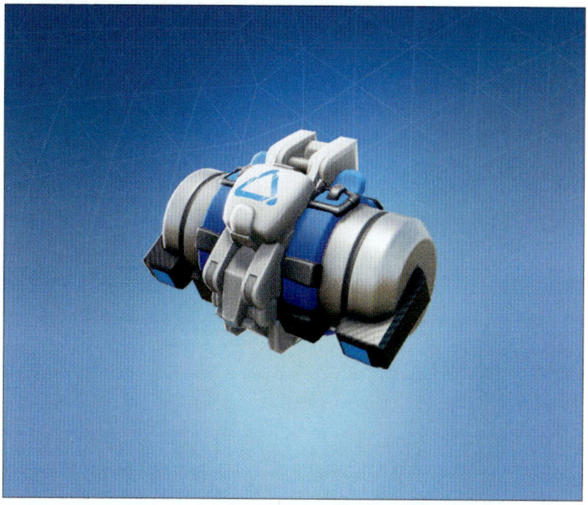

FIGURE 8.4 Le back bling Carbone appelé Sillage bleu.

Acheter dans la Boutique d'objets

Les cosmétiques peuvent s'acheter directement dans la Boutique d'objets. On y accède par l'onglet Boutique d'objets depuis le Salon, comme illustré à la Figure 8.5.

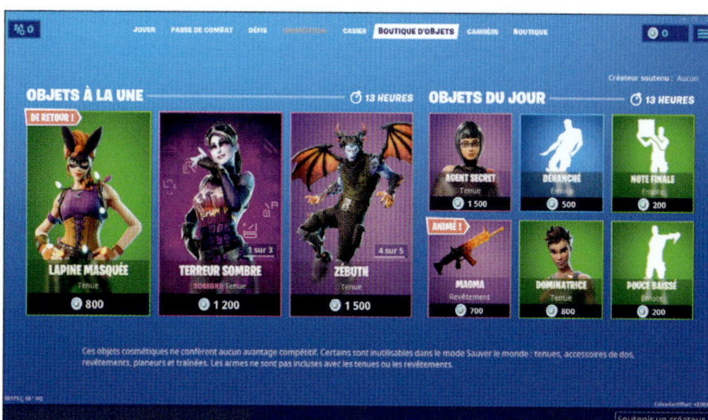

FIGURE 8.5 La Boutique d'objets.

Les cosmétiques dans Boutique d'objets s'achètent avec des V-Bucks. Ils sont répartis en deux catégories principales : les objets à la une et les objets du jour. Ils représentent un mélange d'options, comme des skins et des emotes, mais n'incluent pas tous les types de cosmétiques en même temps.

Les objets à la une, comme dans l'exemple de la Figure 8.6, sont soumis à une rotation hebdomadaire. Le temps restant pour acheter ce groupe d'objets est indiqué à droite de l'en-tête Objets à la une.

FIGURE 8.6 Les objets à la une au 21 octobre 2019.

Les objets du jour, comme dans l'exemple de la Figure 8.7, sont soumis à une rotation quotidienne. De même que pour les objets à la une, le temps restant pour les objets du jour est indiqué à droite de l'en-tête Objets du jour.

Lorsque vous sélectionnez un objet à acheter, vous accédez à ses options et pouvez le visualiser plus en détail. La Figure 8.8 montre un exemple de skin, Zébuth, qui inclut l'épique back bling Ailes maléfiques, pour 1 500 V-Bucks.

Pour acheter, sélectionnez Acheter ou Acheter objets. Si vous avez suffisamment de V-Bucks, ils seront automatiquement soustraits de votre total, comme dans la Figure 8.9. Si ce n'est pas le cas, vous serez invité.e à acheter davantage de V-Bucks.

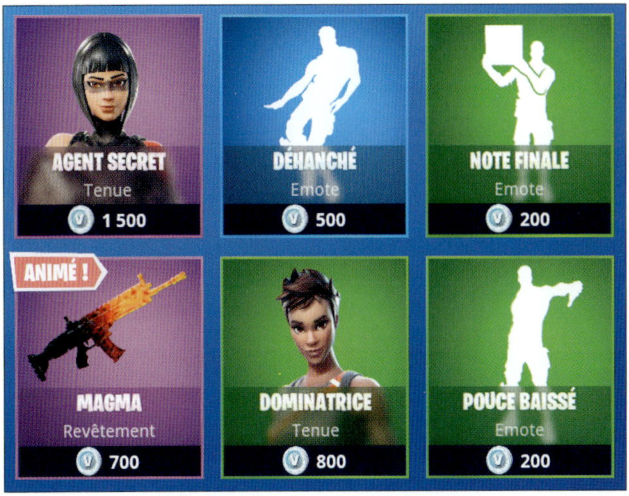

FIGURE 8.7 Les objets du jour au 21 octobre 2019.

Sélectionnez avec attention les objets que vous souhaitez acheter, car si votre provision de V-Bucks est suffisante, l'achat sera immédiatement effectué, sans étape de confirmation. Pour le cas où vous auriez acheté par erreur, l'onglet Compte, sous Paramètres, vous permettra néanmoins de demander un remboursement. Attention cependant, vous n'avez le droit qu'à trois demandes de remboursement à vie par compte ; cette option ne doit donc être utilisée qu'en cas d'absolue nécessité.

FIGURE 8.8 Le skin épique Zébuth et son épique Ailes maléfiques coûtent 1 500 V-Bucks.

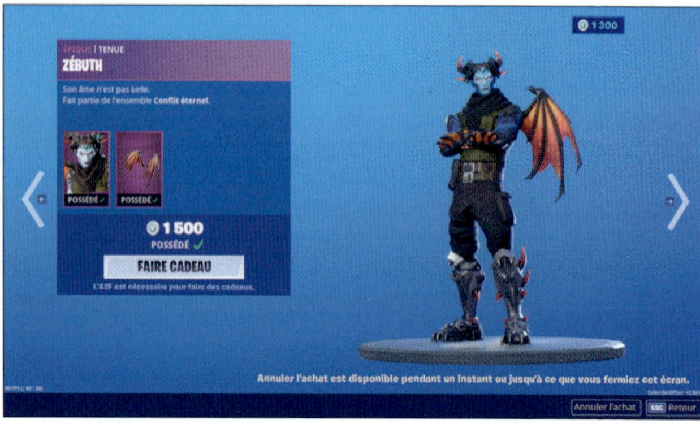

FIGURE 8.9 Acheter Zébuth et Ailes maléfiques soustrait 1 500 V-Bucks du total précédent de 2 800, laissant un solde de 1 300 V-Bucks.

Vous voulez offrir un cosmétique à un.e ami.e ? Cliquez alors sur Faire cadeau plutôt que sur Acheter ou Acheter objet. Les objets que vous achetez pour vous-même apparaîtront dans votre Casier, qui est détaillé dans la section suivante.

Remplir son Casier

Une fois que vous avez reçu ou acheté un nouvel objet, vous en êtes averti.e de deux manières. Si vous avez reçu un nouvel objet provenant du Passe Gratuit, du Passe de Combat ou d'un remboursement, celui-ci vous sera montré et il vous sera demandé de le récupérer en allant dans le Salon, comme illustré à la Figure 8.10.

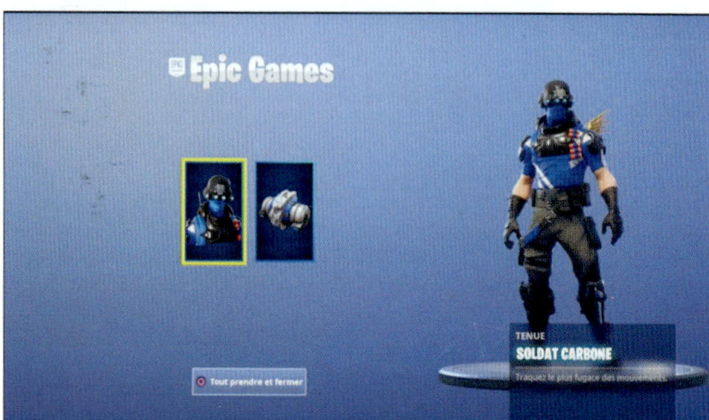

FIGURE 8.10 Affiche et invite à récupérer le Pack Back Bling Carbone, reçu *via* un code de remboursement.

Si vous avez acheté un objet dans la Boutique d'objets, l'onglet Casier du Salon est alors marqué par un point d'exclamation jaune, pour indiquer l'ajout du ou des nouveaux objets, comme illustré à la Figure 8.11.

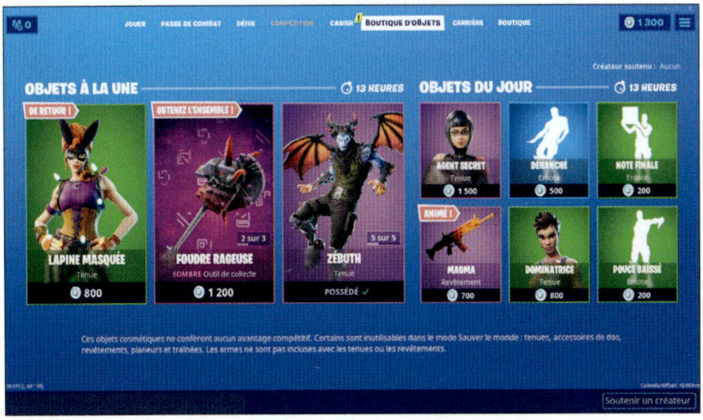

FIGURE 8.11 Après avoir acheté Zébuth (désormais signalé comme acquis) et Ailes maléfiques, l'onglet Casier est signalé par un point d'exclamation jaune.

Après avoir sélectionné l'onglet Casier, vous constaterez que les nouveaux objets sont signalés de la même manière, avec des chiffres sur un fond jaune indiquant le nombre de nouveaux objets d'une catégorie donnée, comme illustré à la Figure 8.12.

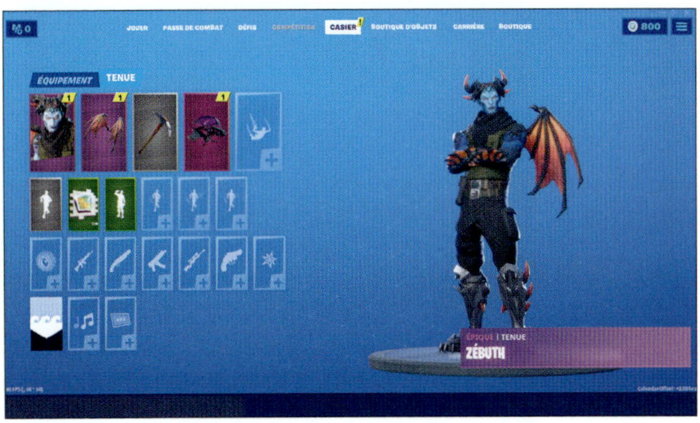

FIGURE 8.12 Il y a trois nouveaux objets dans le Casier sous Équipement un skin, un back bling et un planeur.

Cliquer sur l'un de ces nouveaux objets du Casier mène à l'écran Sélection, dans lequel vous pouvez sélectionner le nouvel objet ou tout autre article de votre Casier dans cette catégorie. La Figure 8.13 montre l'écran des options de skins.

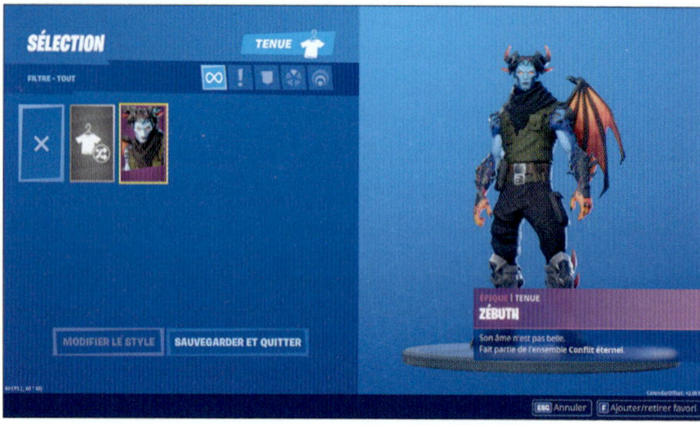

FIGURE 8.13 L'écran des options de tenues.

Avant de détailler l'écran des options, examinons les éléments de l'écran Casier, illustrés à la Figure 8.14 :

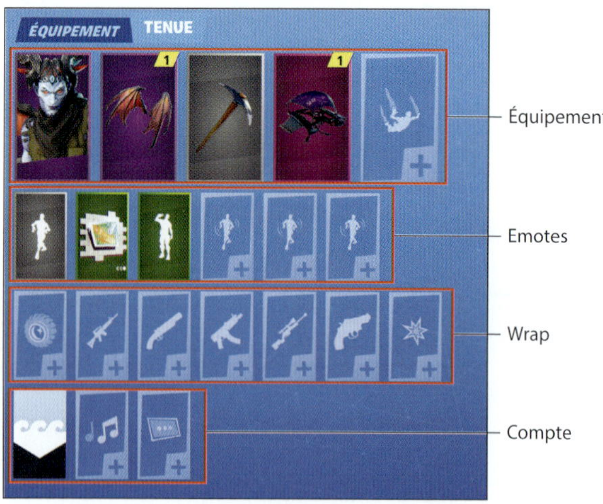

FIGURE 8.14 L'écran Casier.

- **Équipement :** Les espaces, de gauche à droite, sont destinés aux cosmétiques suivants : skin, back bling, outil de collecte, planeur et traînée.
- **Emote :** Les espaces sont destinés aux emotes 1 à 6, de gauche à droite.
- **Wraps :** Les espaces sont destinés aux cosmétiques suivants, de gauche à droite : wrap de véhicule, wrap de fusil d'assaut,

wrap de fusil de chasse, wrap de SMG, wrap de tireur d'élite, wrap de pistolet et wraps divers.

- **Compte :** Les espaces sont destinés aux cosmétiques suivants, de gauche à droite : bannière, musique et écran de chargement.

Après avoir sélectionné l'un de ces espaces du Casier, l'écran Sélection s'affiche. Passons en revue les éléments de cet écran, illustrés à la Figure 8.15 :

- Filtre : Choisissez le mode d'affichage de la liste d'objets, de gauche à droite : Tout, Nouveau, Favoris, Styles et Réactif.
- **Liste d'objets :** Affiche les éléments que vous possédez en fonction de leur filtrage. La première option affiche de manière aléatoire les objets favoris, ou tous les objets acquis si aucun n'est marqué en favori.
- **Modifier le style :** Inclut seulement les objets qui ont des options supplémentaires. Par exemple, cette option est disponible pour les tenues supplémentaires d'un personnage en particulier. En règle générale, ces choix supplémentaires s'ouvrent lorsque vous avez atteint un certain seuil d'EXP.
- **Sauvegarder et quitter :** Sélectionnez cette option pour confirmer votre sélection.

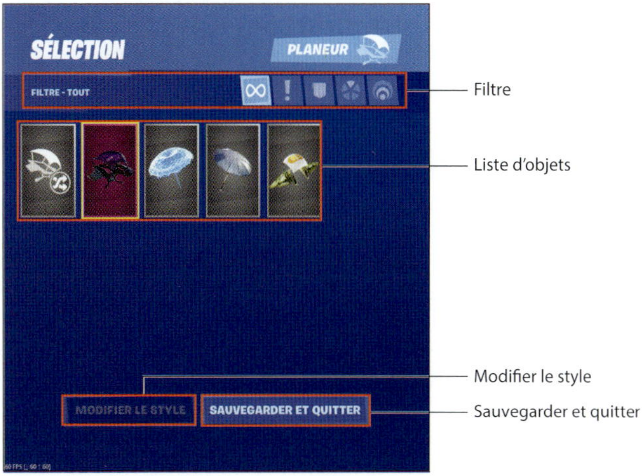

FIGURE 8.15 L'écran de sélection du planeur.

Une fois que vous avez sélectionné vos nouvelles options dans le Casier, vous voilà paré.e pour de nouvelles aventures in game ! La Figure 8.16 montre à quel point votre avatar peut se distinguer des autres grâce à de petits changements d'équipement.

FIGURE 8.16 Prêt.e pour un atterrissage avec la tenue Hybride, le back bling animal de compagnie Tilleul et le planeur Serpents célestes.

Personnaliser les skins

Les skins des personnages, qui sont stockés dans le casier des équipements sous les options Tenues, constituent la personnalisation la plus importante de Fortnite. Il existe des skins masculins et féminins, ainsi que des costumes exotiques, qui permettent à votre personnage de se démarquer comme nulle part ailleurs. C'est le moyen le plus simple de distinguer un ennemi d'un ami, mais il confère également d'autres avantages. Par exemple, certains skins rendent votre personnage plus élancé, ce qui facilite sa dissimulation derrière certains objets. D'autres skins permettent à votre personnage de se fondre dans certains environnements. D'autres encore, comme ceux qui présentent des couleurs vives, vous rendent plus visible, ce qui crée un plus grand défi.

Tenue, *skin* ou *costume*, ces trois appellations différentes désignent la même chose : l'apparence de votre personnage et les vêtements qu'il porte.

Certains skins indiquent même la compétence du joueur. Par exemple, le skin Le Faucheur de la saison 3, illustré à la Figure 8.17, n'était disponible que pour les joueurs ayant terminé 100 paliers.

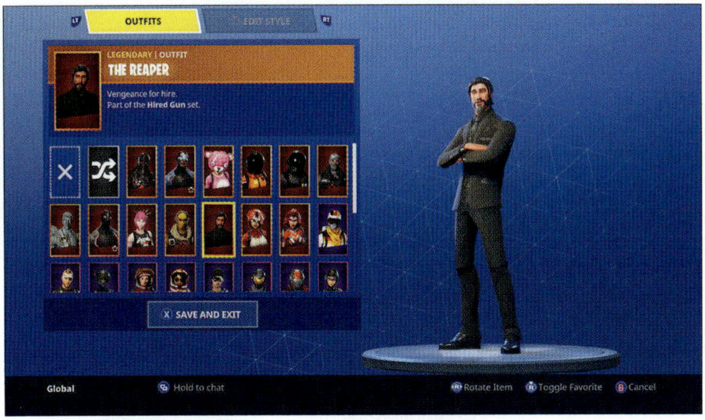

FIGURE 8.17 Le skin légendaire Le Faucheur. Toute ressemblance avec John Wick, le personnage interprété par Keanu Reeves, est purement intentionnelle.

Personnaliser les pioches, les back bling et les animaux de compagnie

Les pioches sont stockées dans le casier Équipement sous Outil de collecte, à droite de Back Bling, qui comprend les animaux de compagnie. La pioche standard est assez quelconque, c'est donc un favori que vous aurez certainement envie de personnaliser. Obtenir une pioche autrement qu'avec un achat immédiat peut prendre un peu de temps et de travail, mais le nouveau look en vaut la peine. Dans la Figure 8.18, l'outil de collecte rare Pioche Mini Cocotier montre à quel point une pioche revisitée peut être différente du modèle standard.

Étant donné que vous avez souvent une vue directe sur le dos de votre personnage, c'est un endroit qui vaut le coup d'être personnalisé. Outre divers sacs à dos et conteneurs, le back bling transporte des animaux de compagnie (voir la Figure 8.19). Comme de véritables animaux, ces personnages animés ajoutent beaucoup de personnalité au jeu.

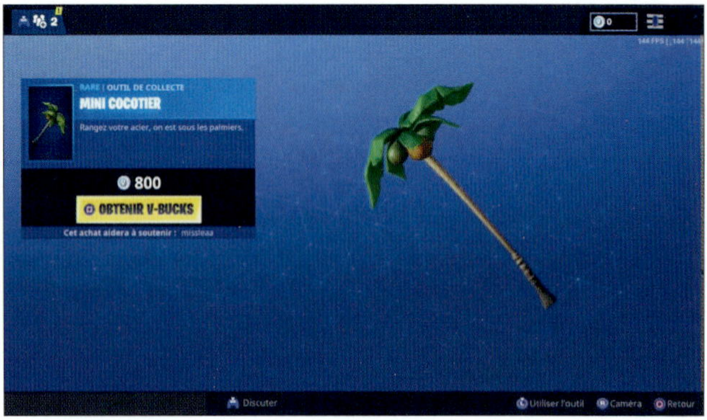

FIGURE 8.18 L'outil de collecte rare Pioche Mini Cocotier.

FIGURE 8.19 L'animal de compagnie épique Tilleul a deux styles supplémentaires (source : Warningup).

Personnaliser les planeurs et les traînées

Les planeurs sont rangés dans le casier Équipement sous Planeur, à gauche de Traînée, où les traînées sont stockées. Les planeurs se déclinent sous de nombreuses formes, des planeurs traditionnels aux parapluies et dragons en papier. Même certaines créatures fantastiques font office de planeurs, comme Pyrodragon, illustré à la Figure 8.20.

FIGURE 8.20 Le planeur légendaire Pyrodragon offre une vue impressionnante. Attention, vous serez remarqué.e !

Les traînées, parfois appelés « traînées de condensation », sont une autre façon de se faire remarquer, après avoir quitté le Bus de Combat. La Figure 8.21 montre un exemple de l'une de ces étranges traînées, la rare Plumes noires. Attention, de même qu'avec certains des planeurs les plus élaborés, les traînées vous rendront encore plus visible pendant la descente.

FIGURE 8.21 La traînée rare Plumes noires.

Jouer les funky avec des emotes, des émoticônes, des jouets et de la musique

Les emotes, qui ont leur propre rangée de catégories dans le Casier, sont l'une des particularités qui caractérisent Fortnite. Tous les pas de danse célèbres de Fortnite sont des emotes. Les emotes font également exécuter d'autres actions, comme le signe de la main de la Figure 8.22. Ces animations sont d'excellentes opportunités de narguer un adversaire ou de célébrer une victoire. Vous pouvez en avoir jusqu'à six prêtes à l'emploi.

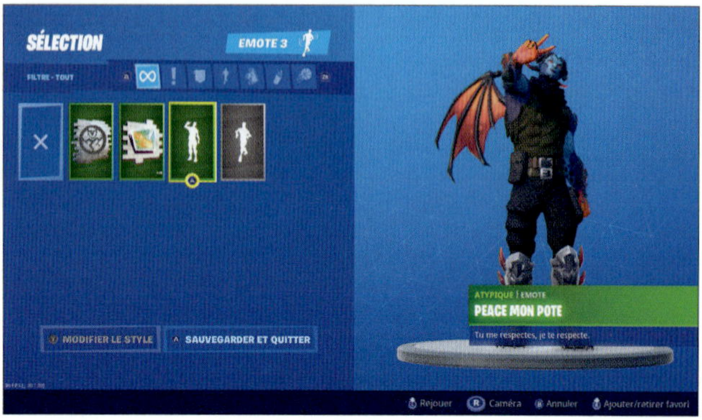

FIGURE 8.22 L'emote atypique Peace mon pote fait accomplir des mouvements de la main plutôt que des pas de danse stylés.

Les personnages de Fortnite sont si bien animés qu'ils savent facilement recréer des pas de danse célèbres, ce qui a donné à Epic Games quelques problèmes juridiques. Les danses qui imitaient Carlton (personnage du *Prince de Bel-Air*), le Floss, le Milly Rock et autres ont donné lieu à des poursuites judiciaires.

Comme la plupart des actions in game, les emotes sont plutôt bruyantes. Ne réservez votre danse que pour les endroits où vous êtes en sécurité.

Les émoticônes et les jouets, qui se trouvent eux-mêmes dans la rangée de la catégorie Emotes du Casier, vous permettent de montrer des émotions différentes. Des émoticônes comme Soleil, illustré à la Figure 8.23, expriment le sentiment sous forme d'emoji.

FIGURE 8.23 L'émoticône atypique Soleil.

Certains jouets comme la rare Balle rebondissante, illustrée à la Figure 8.24, expriment un sentiment par le jeu. Ils n'apportent rien lors d'un combat, mais utiliser un jouet, un ballon de basket par exemple, est une façon amusante de passer le temps entre deux événements clés.

FIGURE 8.24 Le jouet rare Balle rebondissante.

La musique, qui se trouve sous Compte dans le casier Musique, sert elle aussi à célébrer quelque chose. Elle jouera après une Victoire Royale bien méritée ! Vous ne pouvez pas l'entendre ici, mais voici au moins à quoi ressemble la musique rare À l'abordage ! dans la Figure 8.25.

FIGURE 8.25 L'image associée à la musique rare À l'abordage !.

Appliquer les aérosols, wraps, bannières et écrans de chargement

Les aérosols du casier Emote, les wraps du casier Wraps, ainsi que les bannières et écrans de chargement du casier Compte, sont autant de moyens de modifier l'apparence des objets existants.

Les aérosols, comme le Météore. illustré à la Figure 8.26, vous permettent de taguer ces objets sur les murs. C'est l'un des moyens les plus symboliques d'avertir vos ennemis de votre présence.

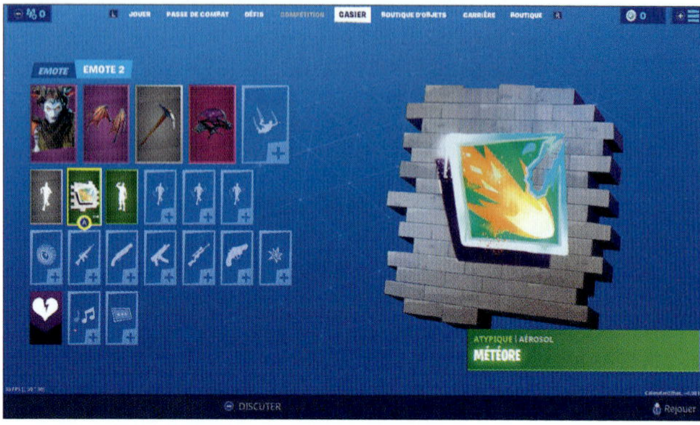

FIGURE 8.26 L'aérosol atypique Météore.

Les wraps donnent une nouvelle apparence aux véhicules, aux armes et à d'autres objets. La Figure 8.27 montre le wrap rare Camouflage Tropical.

FIGURE 8.27 Le wrap rare Camouflage Tropical.

Sélectionner Bannière vous amène à l'écran Modifier bannière, illustré à la Figure 8.28. C'est sur cet écran que vous personnalisez l'icône de votre bannière personnelle et sa couleur de fond. Vous avez le choix entre les jeux d'icônes standard et ceux de *Battle Royale*. Les bannières sont affichées dans les lobbies de matchmaking, dans le menu Partie et durant certains défis.

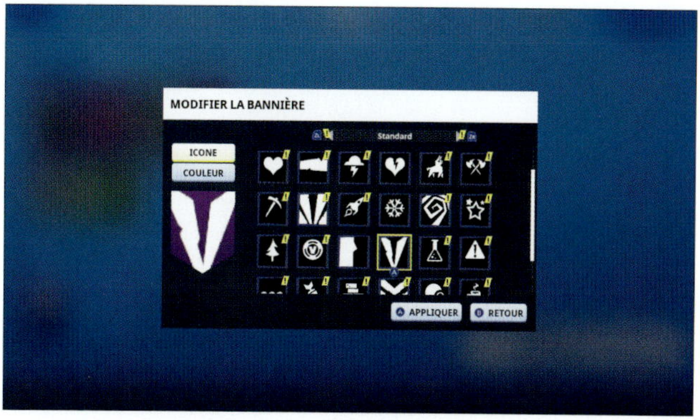

FIGURE 8.28 L'écran Modifier bannière.

Les écrans de chargement modifient l'apparence de l'écran pendant le chargement du jeu. La Figure 8.29 illustre l'écran de chargement atypique Madame Trèfle en action.

FIGURE 8.29 L'écran de chargement atypique Madame Trèfle (souce Warningup).

Chapitre 9

Dix stratégies pour une Victoire Royale

DANS CE CHAPITRE :

- **Choisissez vos batailles.**
- **Apprenez à viser.**
- **Construisez des rampes.**
- **Concentrez-vous sur les points faibles structurels.**
- **Profitez en toute sécurité des caisses de ravitaillement.**
- **Gardez des provisions de matériaux de construction.**
- **Connaissez la map.**
- **Laissez le temps dicter la stratégie.**
- **Coordonnez-vous avec vos équipes.**
- **Entraînez-vous.**

Pour obtenir une Victoire Royale dans la *Battle Royale* de Fortnite, vous devez être le dernier joueur/la dernière joueuse, ou la dernière équipe à rester en vie. Bien souvent, atteindre ces hauts sommets est autant une question de survie que de planification ou de jeu habile. Ceux qui gagnent le plus connaissent les meilleurs moyens de rester en vie, mais ont élaboré également de solides plans et se lancent dans un jeu efficace grâce à une longue pratique. Ce chapitre vous dévoile dix stratégies pour réaliser votre propre Victoire Royale.

Choisissez vos batailles

Le moyen le plus rapide de perdre est d'affronter tout ennemi qui se présente sans vous demander si vous êtes réellement prêt.e à survivre au combat. Même si cela peut sembler contre-intuitif dans un jeu de combat, il est parfois préférable de ne pas se battre et même de fuir. Les mots *survivre* et *survie* ont été utilisés à plusieurs reprises tout au long de ce livre pour une bonne raison.

Lorsque vous remarquez que deux joueurs s'affrontent, refrénez votre envie de tirer et restez caché.e. Puis, lorsqu'un des joueurs a éliminé l'autre, lancez votre attaque. Il est probable que le joueur gagnant sera désorienté durant quelques secondes, et que les dégâts subis lors du premier combat l'ont affaibli.

Apprenez à viser

Si le nombre d'armes disponibles dans *Battle Royale* est très pratique en termes de gameplay, elles requièrent diverses façons de viser. De manière générale, plus l'arme est performante, plus elle est précise. Par exemple, un fusil d'infanterie épique permettra de viser plus facilement qu'un fusil d'infanterie rare.

Les fusils d'assaut et les SMG (pistolets-mitrailleurs) présentant l'inconvénient de trop disperser les balles, ils ne frappent pas toujours là où vous l'aviez prévu. C'est particulièrement le cas avec les versions communes de ces armes.

La façon la plus simple d'améliorer votre capacité à viser est de passer en mode *Créatif* et de tirer sur un mur, comme illustré à la Figure 9.1. Observez la précision des touches à différentes distances ainsi que le degré de dispersion des balles, en visant et sans viser.

FIGURE 9.1 Visez et tirez avec un SMG commun contre un mur, pour en évaluer la précision et la dispersion des balles.

Astuce supplémentaire, misez sur un inventaire équilibré. Un arsenal judicieux consisterait en un fusil d'assaut dans le slot 1, un fusil de chasse dans le slot 2, un fusil de sniper dans le slot 3, des explosifs dans le slot 4 et des objets de soins ou de bouclier dans le slot 5.

Les Bandages et les Kits de soins améliorent votre PV. Les Potions de bouclier augmentent votre PB. Le Bleuvage et les Gourdes du brave agissent sur les deux.

Construisez des rampes

L'issue des batailles dépend presque toujours de qui obtient l'avantage de la hauteur sur l'autre. Si vous ne pouvez pas surplomber en utilisant les structures existantes, comme dans la Figure 9.2, construisez rapidement une rampe. Se trouver au sommet d'une structure existante est un excellent moyen d'étudier le paysage et de repérer les ennemis, mais vous devrez souvent construire vos propres rampes pour obtenir l'avantage grâce à la hauteur ou atteindre des endroits autrement inaccessibles.

FIGURE 9.2 Construire vos propres rampes vous permet d'obtenir un avantage en hauteur ou d'atteindre des endroits inaccessibles autrement.

Lorsque vous attaquez depuis une altitude plus élevée, le joueur que vous visez ne vous voit généralement pas aussi bien, et sa cible – vous en l'occurrence – est plus petite. Vous, en revanche, pouvez voir tous les autres joueurs.

Si construire des doubles rampes pour sa propre sécurité, comme suggéré au Chapitre 6, est généralement plus rapide, le fait de placer un mur devant votre rampe empêchera un autre joueur de la détruire.

Concentrez-vous sur les points faibles structurels

Des structures simples aux grands forts, toute construction a sa faiblesse. Quand vous détruisez les fondations d'une structure, celle-ci s'effondre, et tout ce qui se trouve dessus s'écrase avec. Une pioche est souvent le seul outil dont vous avez besoin, mais pour une vitesse et une efficacité maximales en zone de combat, optez pour une roquette – comme illustré à la Figure 9.3 –, une grenade ou un explosif à distance.

FIGURE 9.3 Utilisez des armes explosives pour détruire les fondations structurelles. Celles-ci sont des cibles faciles et provoquent l'effondrement de toute la structure.

Profitez en toute sécurité des caisses de ravitaillement

Au fur et à mesure que la Partie avance, les caisses de ravitaillement, telles que celle illustrée à la Figure 9.4, se multiplient. Ces caisses contiennent de puissantes armes légendaires ainsi que d'autres objets qui peuvent vous donner un avantage considérable. Malheureusement, elles sont plutôt visibles, de sorte que les autres joueurs sont facilement alertés de leur présence. Outre le fait qu'elles tombent du ciel sous la forme de caisses bleues fixées à un ballon, en émettant un bip et d'autres bruits, une lumière bleue indique l'endroit où la caisse atterrit.

Pour avoir l'occasion d'explorer le contenu d'une telle caisse sans vous faire toucher par les tirs adverses, construisez en premier lieu un petit fort autour de vous. Vous aurez ainsi le temps de trier les objets et de mettre à jour votre inventaire.

FIGURE 9.4 Une caisse de ravitaillement est une caisse de loot précieux ; mais vous serez rarement le seul joueur ou la seule joueuse à le remarquer.

Gardez des provisions de matériaux de construction

Un bâtiment peut vous servir d'abri, d'endroit où poser des pièges, ainsi qu'à atteindre de nouvelles zones. Une structure simple comme un fort 1 × 1 est une bonne cachette et elle vous donne le temps nécessaire pour utiliser un bouclier ou consommer un objet de soins.

Vous vous rendrez rapidement compte que les meilleurs joueurs jettent tout en permanence, des murs aux structures complexes qui leur ont servi à se protéger ou à prendre de l'altitude. Pour les étapes finales plus particulièrement, veillez à disposer d'au moins 1 500 unités de chaque matériau de construction, pour une polyvalence maximale.

Connaissez la map

Apprenez la map et restez au courant de ses modifications à chaque nouvelle mise à jour. Les meilleurs joueurs connaissent les meilleurs emplacements avec les meilleures chances d'obtenir un loot de qualité.

Connaître les différents emplacements permet également de fuir la tempête plus aisément, comme le montre la Figure 9.5.

Quand vous vous engagez dans les inévitables combats qui, il faut le dire, fusent dans Fortnite, une bonne notion des emplacements et de la direction à prendre vous aide à utiliser l'environnement à votre avantage – et à vous tenir à l'écart de la tempête.

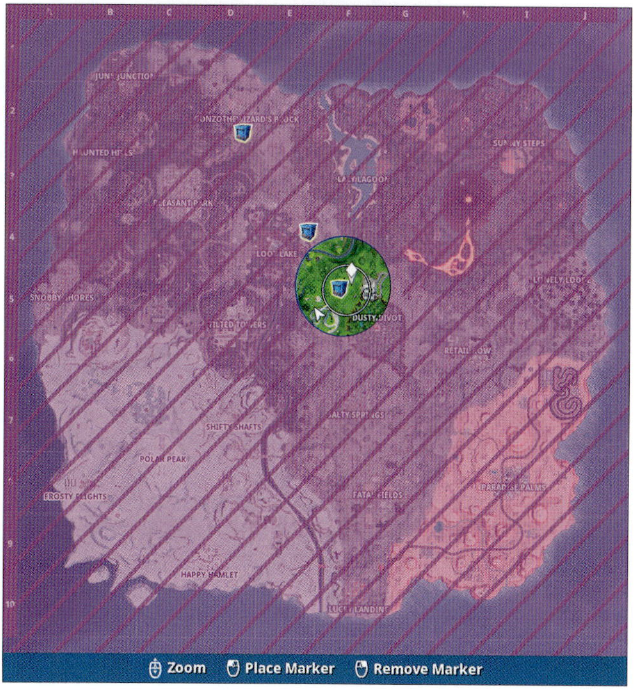

FIGURE 9.5 Connaître la configuration du terrain vous permet de vous déplacer plus aisément à l'intérieur du cercle de la tempête.

Laissez le temps dicter la stratégie

Utiliser la même stratégie pour toute la Partie n'est pas réaliste. Au début d'une Partie, vous voudrez peut-être atterrir dans une zone peu peuplée. C'est en effet une bonne stratégie pour trouver du loot tranquillement et constituer votre inventaire, avant de vous diriger vers le centre de la map, comme illustré à la Figure 9.6.

FIGURE 9.6 Au début d'une Partie, concentrez-vous sur le loot et la constitution de votre inventaire, dans une zone peu peuplée et aux bâtiments dispersés, telle que celle-ci.

Au milieu de la Partie, il est temps de commencer à affronter les ennemis. C'est le moment de faire un usage généreux de vos matériaux de construction et piller les adversaires tombés au combat.

Vers la fin de la Partie, il est important de rester dans l'œil de la tempête et d'établir une position défensive. Laissez les combattants venir à vous. Quand le nombre d'adversaires commence à diminuer au point qu'il n'en reste plus qu'une poignée, cherchez une ouverture et montez sur un terrain plus élevé. Conservez l'avantage de la hauteur tandis que vous sortez les joueurs restants.

Coordonnez-vous avec vos équipes

Lorsque vous vous associez à d'autres joueurs, la communication est essentielle. Soyez honnête à propos de vos forces et faiblesses, et insistez auprès de vos coéquipiers pour qu'ils en fassent de même. Si, par exemple, vous êtes doué.e pour le sniping, mais mauvais.e en construction, faites-le savoir à votre équipe. Placer stratégiquement à un poste la personne la plus douée pour en remplir la fonction rendra l'équipe plus forte.

Faites de votre mieux pour rester à courte distance de vos coéquipiers, même lorsque vous divisez votre équipe pour déborder vos adversaires. Qui sait si on ne vous demandera pas de l'assistance à un moment donné ! Avant chaque Partie, saisissez toutes les occasions pour discuter stratégie et tactique, et assurez-vous de rester en contact tout au long de la Partie.

La forme ultime de coordination consiste à construire une forteresse ensemble vers la fin de la Partie. Si tout le monde tient le rôle qui lui a été attribué, vous créerez des structures de défense bien plus impressionnantes que n'importe quel joueur Solo.

Entraînez-vous

On ne le dira jamais assez, la pratique rend expert.e. Tirez parti du mode *Créatif* et testez toutes ses options. Jouez une ou plusieurs Parties de types différents chaque jour. Chaque fois que vous jouerez, vous gagnerez un peu plus d'expérience. Utilisez ce livre comme guide pour identifier vos points faibles et les transformer en points forts grâce à la répétition.

Même si obtenir une Victoire Royale remplit de fierté, souvenez-vous que Fortnite n'est qu'un jeu. Vous vous amuserez bien plus si vous privilégiez le plaisir plutôt que de vous concentrer sur le travail à effectuer pour remporter des victoires.

Vous souhaitez identifier vos faiblesses ? N'hésitez pas à vous servir *ad libitum* de l'option Rediffusion, sous l'onglet Carrière du Salon. Cette fonctionnalité vous permet de visionner vos Parties récentes, comme illustré à la Figure 9.7, afin d'évaluer où vous avez probablement commis une erreur et comment faire mieux la prochaine fois. Vous pouvez de plus regarder les autres joueurs de votre Partie et en apprendre davantage sur leurs tactiques.

FIGURE 9.7 Les Parties reprennent à partir du Bus de Combat. Vous avez un contrôle total sur la lecture et pouvez même regarder depuis le point de vue des autres joueurs.

Chapitre 10

Dix points clés pour comprendre le mode Sauver le Monde

DANS CE CHAPITRE :

- **Tutoriel du jeu.**
- **Structure de la mission, fondée sur les objectifs et les quêtes.**
- **V-Bucks et lamas.**
- **Héros.**
- **Centre de commandement.**
- **Armes.**
- **Pièges.**
- **Statistiques du joueur.**
- **Points de mise à niveau.**
- **Monstres.**

Dans les premiers temps, Fortnite se résumait à *Sauver le Monde*, un mode de jeu payant Joueur contre Environnement (PvE). Avec l'introduction du mode gratuit Joueur contre Joueur (PvP) *Battle Royale* et l'énorme succès rencontré, *Sauver le Monde* fut relégué au second plan. Pourtant, *Sauver le Monde* n'est pas un mauvais jeu, loin de là ! Les deux modes de jeu partagent bon nombre de caractéristiques, mais *Sauver le Monde* est fondé sur une histoire, conçue autour d'une expérience de jeu en solo ou en coopération. Tous les combats PvP sont réservés au jeu gratuit *Battle Royale*. Dans ce chapitre, nous examinerons de plus près dix éléments clés pour comprendre *Sauver le Monde*, disponible sur PC, Mac, PlayStation 4 et Xbox One (au moment de la saison 10).

Au moment de l'écriture de ce livre et sauf offres spéciales, le pack de fondateur *Sauver le Monde* coûte 39,99 euros. Bien qu'Epic Games ait déclaré que *Sauver le Monde* deviendrait gratuit à un moment donné, la disponibilité dans ce format risque d'être différée jusqu'à ce que l'histoire in game soit suffisamment développée.

Tutoriel du jeu

Sauver le Monde raconte l'histoire d'une Terre d'un futur proche, où une tempête mondiale – illustrée à la Figure 10.1 – a provoqué la disparition de 98 % de la population mondiale. Les humains anéantis ont été remplacés par des *Carcasses*, des créatures semblables à des zombies qui attaquent les survivants. Vous et trois autres joueurs, qu'ils soient humains ou des coéquipiers générés par ordinateur, visez un objectif commun au cours de diverses missions.

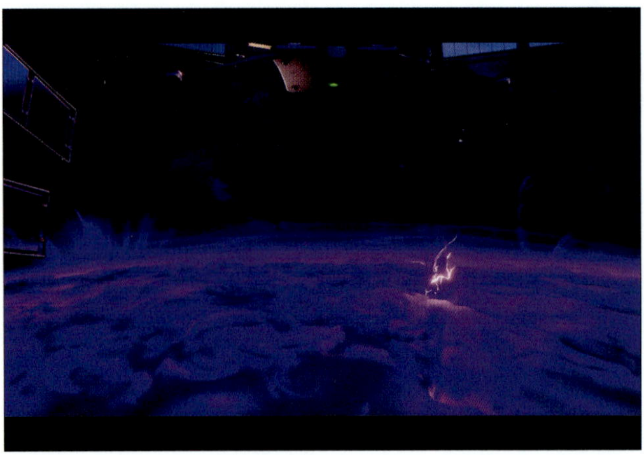

FIGURE 10.1 La scène d'ouverture montre la tempête qui a ravagé la Terre.

Vous devez lutter contre la tempête, secourir les survivants, construire des structures, fabriquer des armes, trouver du loot, puis mettre à niveau et développer un dispositif de protection pour votre base d'opérations.

Une fois que les premières scènes cinématiques ont établi l'histoire et expliqué que le monde a besoin de vous, vous entrez immédiatement dans la bataille pour abattre un groupe de Carcasses menaçantes, comme illustré à la Figure 10.2.

FIGURE 10.2 Sans aucune pitié, *Sauver le Monde* vous jette immédiatement dans un combat contre les Carcasses ennemies.

Comme dans *Battle Royale*, visez les têtes ! Si vous réussissez à tuer toutes ces Carcasses, votre prochaine étape sera de trouver un moyen de sortir des grottes. Dirigez-vous vers le symbole jaune du point de contrôle, comme illustré à la Figure 10.3.

Comme vous le voyez à la Figure 10.4, vous atteindrez le chariot de la mine, qu'il vous faudra détruire avec votre pioche. Continuez de suivre le didacticiel, en utilisant vos compétences acquises dans *Battle Royale*, y compris dans la construction. Vous développerez de nouvelles compétences, comme l'artisanat qui vous permettra de concevoir des armes avec des matériaux collectés. Bonne chance !

FIGURE 10.3 Le point d'exclamation jaune au centre de l'écran indique la prochaine destination.

FIGURE 10.4 Détruisez le chariot de la mine et continuez le didacticiel.

Structure de la mission, fondée sur les objectifs et les quêtes

Une fois que vous avez terminé ses didacticiels, *Sauver le Monde* vous indique des objectifs et des quêtes sous forme de missions, dans lesquelles vous défendez des lieux contre des Carcasses ennemies ou recherchez des survivants retranchés. Pour les missions de défense, vous collecterez des matériaux afin de fabriquer des objets nécessaires et construire des fortifications. Lorsque vous serez prêt.e, il vous faudra défendre votre base !

La map, comme le montre la Figure 10.5, est générée aléatoirement pour chaque mission, à l'exception de la map où se trouve votre base.

Vous reviendrez également sur la map de votre base afin d'augmenter le rayon d'influence de votre bouclier antitempête.

FIGURE 10.5 La map *Sauver le Monde* fonctionne selon le même système de grille que celle de *Battle Royale*, mais elle est générée de manière aléatoire. La map se dévoile petit à petit à mesure de son exploration.

V-Bucks et lamas

De même que dans *Battle Royale* et ses modes associés, des V-Bucks peuvent être dépensés dans *Sauver le Monde*. En revanche, les objets achetés dans *Sauver le Monde* ne sont pas transférables dans *Battle Royale*, et inversement.

Dans *Sauver le Monde*, vous pouvez acheter des lamas à loot – comme illustré à la Figure 10.6 – qui contiennent des schémas d'armes et de pièges, des EXP, de nouveaux héros et bien plus encore.

FIGURE 10.6 Un lama amélioré.

Héros

Sauver le Monde comprend quatre classes principales de héros, décrites comme suit :

- **onstructeur :** Illustrée à la Figure 10.7, elle désigne les plus doués en construction, pour défendre les structures et contrôler les foules. Cette classe de héros comprend 18 sous-classes standard, chacune avec des avantages et des bonus uniques.
- **Ninja :** Illustrée à la Figure 10.8, elle désigne les combattants les plus forts en mêlée et mouvements rapides. Cette classe de héros comprend 19 sous-classes standard, chacune avec des avantages et des bonus uniques.
- **Soldat :** Illustrée à la Figure 10.9, elle représente les plus forts dans les combats à distance et le maniement des fusils et grenades. Cette classe de héros comprend 19 sous-classes standard, chacune avec des avantages et des bonus uniques.
- **Aventurier :** Illustrée à la Figure 10.10, elle représente les plus doués en termes de collecte de ressources, de repérage et de contrôle des foules. Cette classe de héros comprend 19 sous-classes standard, chacune avec des avantages et des bonus uniques.

Les sous-classes de héros déterminent les capacités et avantages du héros, ainsi que les bonus d'équipe reçus à mesure que le personnage est mis à niveau et évolue. Avec les avantages des héros, vous augmentez l'efficacité de votre gameplay. Vous pouvez même fusionner vos héros pour augmenter les dégâts infligés.

FIGURE 10.7 La classe de héros Constructeur.

FIGURE 10.8 La classe de héros Ninja.

FIGURE 10.9 La classe de héros Soldat.

FIGURE 10.10 La classe de héros Aventurier.

Centre de commandement

L'onglet Commandement vous permet de suivre chaque aspect de vos héros. Appliquez des boosts d'EXP, vérifiez les avis et les alertes, et passez en revue les niveaux de Puissance et les Statistiques de chacun de vos héros pour garder un œil sur toutes vos options disponibles.

Armes

Il existe deux catégories d'armes dans *Sauver le Monde* : à distance et de mêlée. Les armes à distance comprennent les fusils d'assaut, les armes explosives, les pistolets, les fusils de chasse et les fusils de sniper.

Les armes de mêlée comprennent les haches, les massues, les outils, les faux, les lances et les épées.

Comme pour les héros, chaque arme a une sous-classe qui détermine ses performances.

Les schémas d'armes sont utilisés pour fabriquer une arme spécifique. La fabrication nécessite le nombre correct de matériaux énumérés sur le schéma, comme dans l'exemple d'un fusil d'assaut légendaire illustré à la Figure 10.11.

Contrairement à *Battle Royale*, les armes ici s'usent et se cassent avec le temps. Une fois brisée, l'arme peut être recyclée pour récupérer une partie de ses matériaux d'artisanat d'origine.

FIGURE 10.11 Le schéma pour un fusil d'assaut légendaire, énumérant les matériaux d'artisanat requis.

Pièges

Trois catégories de pièges sont présentes dans *Sauver le Monde* : les pièges de mur, les pièges de sol et les pièges de plafond. Les pièges fonctionnent de la même manière que dans *Battle Royale*, avec des pièges défensifs qui détruisent ou perturbent les ennemis – tels que le piège de plafond Champ électrique illustré à la Figure 10.12 –, et des pièges utilitaires qui remplissent une fonction de guérison.

FIGURE 10.12 Le piège de plafond Champ électrique atteint les ennemis dans un rayon de 3 × 3 cases.

Tout comme pour les armes, des schémas de pièges servent à fabriquer un piège spécifique, mais les pièges s'usent et se cassent après un certain nombre de déclenchements.

Statistiques du joueur

L'acronyme F.O.R.T. représente les quatre types de statistiques du joueur, chacune pouvant être augmentée de 1 % par point :

- **(F)orce :** Santé et régénération de la Santé.
- **(O)ffensive :** Dommages causés par les armes à distance et de mêlée.
- **(R)ésistance :** Bouclier et production de Bouclier.
- **(T)echnique :** dégâts de pièges, de capacités et de gadgets, ainsi que guérison.

Les statistiques F.O.R.T. totalisent les bonus gagnés par les escouades et les compétences des survivants. Elles se trouvent sous l'onglet Escouades. Il existe deux types de survivants dans *Sauver le Monde* : les survivants chefs de section et les survivants. Les survivants chefs de section, comme la médecin-chef illustrée à la Figure 10.13, affectent un pourcentage plus élevé de statistiques F.O.R.T. Ils sont placés dans le slot Leader de chaque escouade. *Note :* il est possible que la distinction Leader ne fasse plus partie de la saison en cours.

FIGURE 10.13 Une médecin cheffe est placée dans le slot Leader de chaque escouade.

Intégrer des survivants dans des escouades de survivants ajoute des points de statistiques F.O.R.T. par type d'escouade.

Pour gagner du temps, activez l'option de remplissage automatique dès le début afin d'intégrer automatiquement à votre section vos survivants les plus puissants.

- **(F)orce :** Groupe EMT et Équipe d'entraînement.
- **(O)ffensive :** Équipe de tir Alpha et Groupe d'assaut rapproché.
- **(R)ésistance :** Groupe de reconnaissance et Gadgetiseurs.
- **(T)echnique :** Corps d'Enginierie et Groupe de réflexion.

Votre Puissance, qui est le nombre dans le coin supérieur gauche à côté de l'éclair illustré à la Figure 10.14, est un résumé de vos statistiques F.O.R.T. fusionnées avec les boosts de vos escouades de survivants. Plus le nombre est élevé, plus votre héros est puissant et ses capacités élevées.

FIGURE 10.14 Votre niveau de Puissance de départ.

Contrairement au niveau de votre Compte, qui ne fait qu'augmenter, votre niveau de Puissance peut être augmenté ou diminué à tout moment en fonction de vos actions, selon le type de mission, la composition du groupe et les avantages actifs.

Points de mise à niveau

Toutes les récompenses sont associées au niveau de votre Compte. Les points de mise à niveau sont attribués en fonction du niveau de votre Compte actuel. Ces points peuvent être utilisés pour débloquer des pioches améliorées, augmenter les Points de Santé, créer des gadgets, améliorer la capacité de stockage, entre autres, dans la page Mises à niveau.

Monstres

À mesure que vous progresserez dans *Sauver le Monde*, vous rencontrerez non seulement des Carcasses, mais également d'autres types de monstres. Détaillons quelques-uns de ces ennemis :

- **Élémentaires :** Ennemis puissants qui incluent les suivants :
  - *Carcasse Feu :* Vulnérable face aux armes à eau ; double dégât aux structures en bois.
  - *Carcasse Nature :* Vulnérable face aux armes à feu ; double dégât aux structures métalliques.
  - *Carcasse Eau :* Vulnérable face aux armes nature ; double dégât aux structures de pierre.
- **Carcasses classiques :** Monstres les plus communs, qui attaquent à vue. Il en existe divers types avec des attaques différentes.
- **Mimics :** Prennent l'apparence d'un coffre pour tromper ; dégâts de morsure.
- **Monstres de la brume :** Deuxième type de monstres le plus commun, qui attaque à vue. Ces grands monstres créent des portails pour les Carcasses plus petites. La Figure 10.15 montre un Balanceur, qui jette des Carcasses en direction de votre base.
- **Trolls :** Peuvent passer à travers les murs ; volent des matériaux.

FIGURE 10.15 Le monstre de la brume Balanceur.

Chapitre 11

Dix codes de jeu amusants en Créatif sur Fortnite

DANS CE CHAPITRE :

- » **Riddle maze 2: Yup, I'm Back Peasants!.**
- » **Freaky Flights.**
- » **Hoo Baller Pinball Island.**
- » **Lundle's Puzzle Escape!.**
- » **Raft Wars.**
- » **Rainbow Road.**
- » **Snipers vs Runners.**
- » **Space Parkour!.**
- » **Tony Hawk's Pro Skater's « Warehouse ».**
- » **Weezer world!.**

Le mode *Créatif* de Fortnite est le bac à sable idéal pour faire travailler vos cellules grises. C'est également un excellent endroit pour passer en revue ce que les autres gamers ont inventé. Grâce à l'incroyable popularité de Fortnite, de très nombreuses créations personnalisées sont disponibles. Comme indiqué au Chapitre 6, dirigez-vous simplement vers une faille sélectionnée, attendez, puis appuyez sur le bouton Définir le code d'île et entrez le code pour commencer à jouer. Les dix codes de création présentés dans ce chapitre font partie des meilleures créations personnalisées disponibles.

Riddle maze 2: Yup, I'm Back Peasants!

Code : 0742-9139-5226

De nombreuses énigmes, 20 réalisations hilarantes, 5 parcours secrets et le retour de votre narrateur favori !

Sur cette île, illustrée à la Figure 11.1, vous résolvez des énigmes, en choisissant même le degré de difficulté. Attention, la première erreur est la dernière ! Voilà qui en fait une expérience captivante.

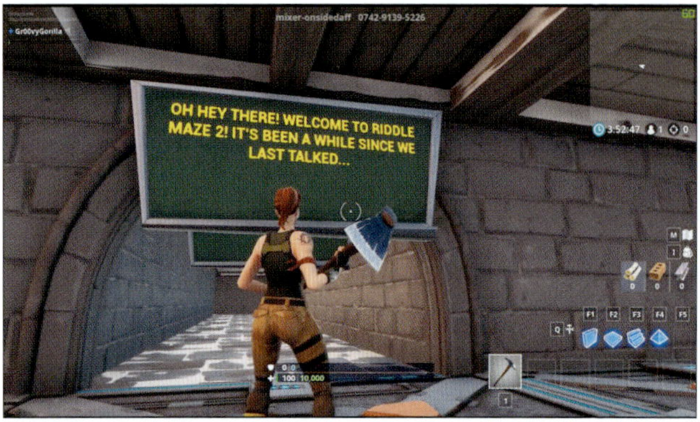

FIGURE 11.1 Scène d'ouverture du jeu Riddle maze 2: Yup, I'm Back Peasants!.

Freaky Flights

Code : 1743-0750-4752

Des équipes de deux s'affrontent avec des avions, des cuirassés, des armes légendaires et des munitions illimitées, dans la création bourrée d'action de SENIX. Une scène de cette île est illustrée à la Figure 11.2.

FIGURE 11.2 À bord d'un cuirassé dans Freaky Flights.

Hoo Baller Pinball Island

Code : 4573-9507-5308

Dans Fortnite, une *bulle mobile* est un véhicule en forme de balle de hamster. HOOSHEN a poussé ce concept de base à sa conclusion logique en créant un parcours de flipper doté d'un système de notation intelligent. La scène d'ouverture de cette île est illustrée à la Figure 11.3.

FIGURE 11.3 À l'intérieur d'une bulle mobile, lors de la scène d'ouverture de Hoo Baller Pinball Island.

Lundle's Puzzle Escape!

Code : 1039-4421-2809

Les jeux d'évasion réels, ou *escape rooms*, sont des jeux d'aventure et d'action populaires où un groupe de joueurs résout une série d'énigmes en combinant stratégie et essais-et-erreurs simples. LUNDLEYT a proposé ce concept à Fortnite, en créant cinq étapes complexes de casse-tête, incluant des karts tout terrain. La scène d'ouverture de cette île est illustrée à la Figure 11.4.

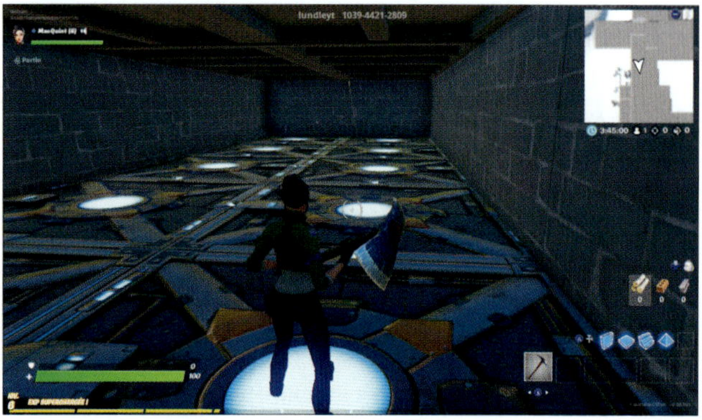

FIGURE 11.4 Scène d'ouverture de Lundle's Puzzle Escape!.

Raft Wars

Code : 9026-2925-8175

Le Raft Wars d'AZALIAK_IPHONE est un jeu de guerre navale. Combattez dans des eaux dangereuses avec neuf bases flottantes et des canons de pirate. La scène d'ouverture de cette île est illustrée à la Figure 11.5.

FIGURE 11.5 Scène d'ouverture de Raft Wars.

Rainbow Road

Code : 2668-3299-2351

Le classique de la Super Nintendo, *Super Mario Kart*, est sorti en 1992, changeant pour toujours le monde des courses dans les jeux vidéo. Rainbow Road de FALCONSTRIKE1998 est une adaptation étonnamment fidèle et riche en fonctionnalités de l'un des parcours les plus emblématiques de *Super Mario Kart*. La scène d'ouverture de cette île est illustrée à la Figure 11.6.

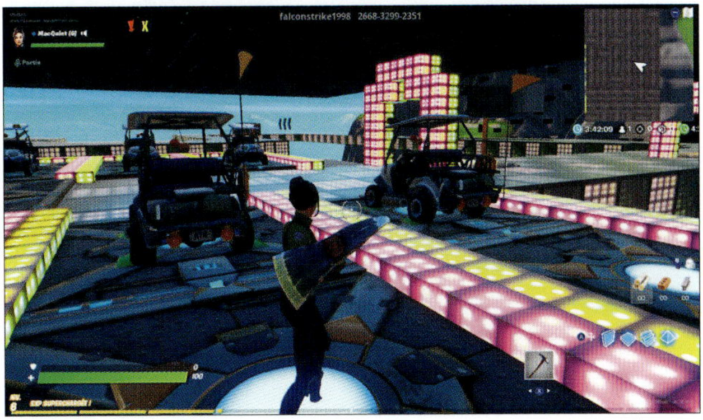

FIGURE 11.6 Scène d'ouverture de Rainbow Road.

Les îles plus grandes comme celle de Rainbow Road nécessitent un temps de chargement plus long. Mais votre attente sera largement récompensée !

Snipers vs Runners

Code : 7352-4203-8482

Que vous aimiez utiliser des armes de snipers, éviter leurs tirs, ou les deux, vous aurez de quoi jubiler avec Snipers vs Runners de BLUDRIVE. L'équipe 1 joue les coureurs et l'équipe 2 joue les snipers. Si les coureurs arrivent indemnes au bout du jeu, ils gagnent ! Une partie du parcours est illustrée à la Figure 11.7.

FIGURE 11.7 Les coureurs doivent non seulement éviter les tirs des snipers, mais également gérer les obstacles !

Space Parkour!

Code : 1986-0450-3000

Le parkour, dans lequel une personne tente de se rendre d'un point à l'autre de la manière la plus rapide et la plus efficace possible, quels que soient les obstacles, constitue un excellent concept de jeu vidéo. Heureusement, le moteur de jeu de Fortnite est bien adapté aux jeux de style parkour. Avec des plateformes de glace flottantes et de nombreuses pièces de monnaie à collectionner, HIGHPOXIA a fait un excellent travail. La scène d'ouverture de cette île est illustrée à la Figure 11.8.

FIGURE 11.8 Scène d'ouverture de Space Parkour!.

Tony Hawk's Pro Skater's « Warehouse »

Code : 9977-2394-8492

Le *Pro Skater* de Tony Hawk a établi un nouveau standard pour les jeux vidéo de skateboard lors de sa première sortie sur la PlayStation de Sony en 1999. Le premier niveau de ce jeu légendaire s'est déroulé dans un entrepôt, qui a été recréé pour Fortnite par PSYCHECLOPS. Dans Tony Hawk's Pro Skater's « Warehouse », utilisez un *driftboard* – une sorte de skateboard – pour collecter des pièces de monnaie, des pièces de puzzle et du papier hygiénique en vrombissant sur le parcours, comme illustré à la Figure 11.9.

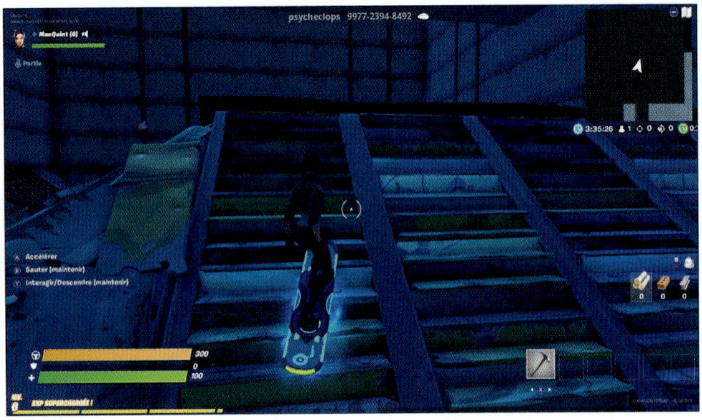

FIGURE 11.9 Drifboard du jeu.

Weezer world!

Code : 1349-5880-2084

Si une île sur le thème du groupe de rock américain n'est peut-être pas aussi excitante pour les non-fans, le Weezer World de CRE8! pourrait vous faire changer d'avis. C'est un parc thématique avec des énigmes, des objets de collection et diverses attractions telles que le driftboard, les montagnes russes, le stand de tir et le parkour. Et si vous êtes un fan du groupe, vous avez en bonus la musique de Weezer en arrière-plan ! La scène d'ouverture de cette île est illustrée à la Figure 11.10.

FIGURE 11.10 Scène d'ouverture de Weezer World!.

Chapitre 12

Dix façons de profiter de Fortnite lorsque vous n'y jouez pas

DANS CE CHAPITRE :

- **Figurines individuelles et jeux complets.**
- **Vêtements.**
- **Jeux de société.**
- **Calendriers, journaux et cahiers.**
- **Objets de collection.**
- **Déguisements.**
- **Articles pour la maison.**
- **Blasters NERF et Super Soakers.**
- **Peluches.**
- **Spectacles.**

Fortnite étant un véritable phénomène culturel, il n'est pas surprenant qu'il soit décliné sous maintes formes différentes, indépendamment du jeu lui-même. Ce chapitre présente dix façons amusantes d'avoir votre dose de Fortnite. Aucune manette n'est requise !

Figurines individuelles et jeux complets

Vous avez envie de recréer quelques batailles in game ? Optez pour la collection de figurines de Jazwares. Haute de dix centimètres, chacune d'elles est vêtue d'une tenue populaire et détient une pioche ou une arme. Ses dix-neuf points d'articulation vous permettent de la placer facilement en situation. Vous pouvez tout aussi bien opter pour des jeux complets de figurines en action, tels que l'ensemble Fortnite Constructeur Turbo illustré à la Figure 12.1, ou pour les jouets de collection Fortnite Coffres à loot, qui proposent des armes et autres objets destinés à équiper vos figurines. Et si vous cherchez quelque chose d'un peu plus grand et d'une qualité supérieure, McFarlane Toys propose des figurines de 18 cm de haut.

FIGURE 12.1 L'ensemble Constructeur Turbo de Jazwares comprend deux figurines, Jonesy et Corbeau, et vous permet d'assembler les matériaux de construction à votre guise (source : Amazon).

Vêtements

Que vous portiez des vêtements taille enfant ou adulte, il existe toutes sortes de T-shirts, pyjamas, sous-vêtements et autres habits qui vous permettront d'afficher à la face du monde votre amour pour Fortnite. Le T-shirt « Dance » Fortnite de Mad Engine, comme celui de la Figure 12.2, est particulièrement populaire, mais vous avez le choix parmi de nombreux autres modèles et styles.

FIGURE 12.2 Le T-shirt « Dance » Fortnite de Mad Engine (source : Amazon).

Jeux de société

Aussi passionnant que soit Fortnite, il peut sembler compliqué pour les non-initiés. Une bonne façon d'entrer facilement dans l'univers du jeu est de passer par le Monopoly. Le Monopoly Fortnite de Hasbro, illustré à la Figure 12.3, sera un régal à la fois pour les fans de Monopoly et ceux de Fortnite, car il contient les règles du vénérable jeu de société, avec les emplacements, les cartes et les jetons inspirés du jeu vidéo.

Calendriers, journaux et cahiers

Fortnite propose une palette de personnages hauts en couleur et d'environnements riches en constante expansion qui constituent une décoration parfaite pour les calendriers, les journaux et les cahiers. Un exemple, le calendrier officiel Fortnite, est présenté à la Figure 12.4.

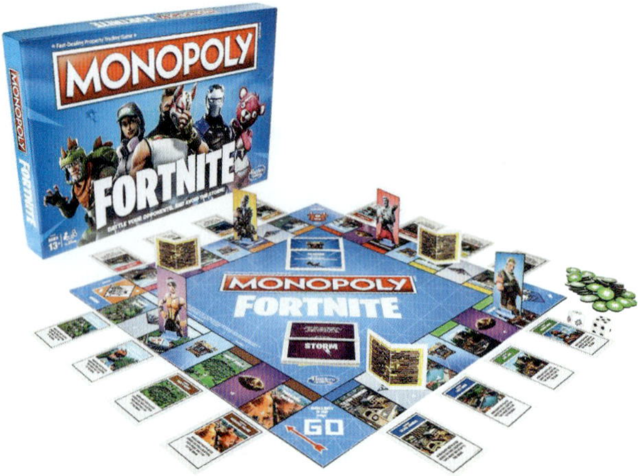

FIGURE 12.3 Monopoly Fortnite de Hasbro (source : Amazon).

FIGURE 12.4 Le calendrier officiel Fortnite (source : Amazon).

Objets de collection

Bien sûr, il existe des tasses, des haut-parleurs et des porte-clés sur le thème de Fortnite, mais la consécration, c'est d'être immortalisé.e sous la forme d'une figurine de collection. Funko propose des objets de collection du précieux jeu, dans sa série Vynl. and POP!. Parmi les exemples populaires, le Funko POP! Games Fortnite Chevalier noir, illustré à la Figure 12.5.

FIGURE 12.5 Figurine Funko POP! Games Fortnite le Chevalier noir (source : Amazon).

Déguisements

Vous cherchez quelque chose d'un peu plus impliqué qu'un T-shirt ou un pyjama ? Que diriez-vous alors de pousser la transformation jusqu'à endosser l'un des impressionnants déguisements Fortnite ? Ou si vous n'osez pas, d'opter pour un masque Fortnite, comme le masque Renard du Nomade illustré à la Figure 12.6 ?

Articles pour la maison

Des articles à la thématique Fortnite existent pour toutes les pièces de la maison, y compris le salon et la chambre à coucher. Des ensembles de draps Fortnite aux couvertures et aux oreillers, en passant par le coussin Fortnite Lama Get The Juice présenté à la Figure 12.7 : le style n'exclut pas le confort !

FIGURE 12.6 Masque Renard du Nomade – Fortnite (source : Spencers Online.com).

FIGURE 12.7 Coussin Lama de ravitaillement Fortnite, de Target (source : Target.com).

Blasters NERF et Super Soakers

Depuis 1992, Hasbro fabrique une gamme populaire de pistolets-jouets appelés Blasters NERF, qui tirent des projectiles en mousse. Depuis 2002, Hasbro produit également les Super Soakers NERF, une série de puissants pistolets à eau. Le mariage inévitable des Blasters et des Super Soakers NERF avec la marque Fortnite a permis de produire certains des pistolets-jouets les plus stylés, dont le SP-L Elite Dart Blaster NERF Fortnite, présenté à la Figure 12.8.

FIGURE 12.8 SP-L Elite Dart Blaster NERF Fortnite (source : Amazon).

Peluches

Fortnite est rempli de personnages mignons et farfelus, qui font de magnifiques peluches. Mais quel personnage Fortnite plus mignon que le Lama à loot, immortalisé dans la peluche Lama à loot Fortnite de 18 cm de Jazwares, illustrée à la Figure 12.9 !

FIGURE 12.9 Peluche Lama à loot Fortnite, de Jazwares (source : Amazon).

Spectacles

Fortnite est presque aussi amusant à regarder qu'à jouer. YouTube et Twitch.tv notamment regorgent de vidéos de Parties. Fortnite a même son propre canal dédié sur Twitch, à l'adresse `https://www.twitch.tv/fortnite`. Vous pouvez y visionner des clips et des chaînes populaires, ainsi que des événements spéciaux en direct, tels que la Coupe du monde Fortnite. En 2019, Epic Games a distribué 100 000 000 dollars de primes de jeu, c'est dire si la compétition devient sérieuse ! Qui sait, si vous continuez à vous entraîner avec ce livre et à regarder comment les meilleurs gamers du monde s'affrontent, une partie de ces gains pourrait rentrer dans votre poche à vous aussi.

Bonne chance, mais surtout, amusez-vous !

Index